鉄道の達人が教える

列車の旅

CONTENTS

※本書は、月刊『一個人』２００６年１月号、２００６年６月号、２００６年９月号の記事を修正、再編集したものです。

旅の大いなる楽しみは、目的地で
寛ぐことや、普段は得られない
感動を体験できることだろう。
しかし、お目当ての目的地に
到着するまでの移動時間もまた、
格別な旅の楽しみの一つである。
その移動手段の筆頭にくるのが、
ゆっくりと、時が流れる個室寝台列車。
そして、昔懐かしいローカル列車だろう。
「列車の旅」の楽しみについて、
鉄道の達人達が教えてくれた。

スケッチブックを手に豪華個室寝台列車で北へ向かう

榎木孝明さんと行く トワイライトエクスプレス 21時間の旅

大阪—札幌間1495・7キロを
およそ21時間で駆ける
寝台特急トワイライトエクスプレス。
個室寝台や食堂車など
ホテル並の設備を持つ、
クルージング感覚の豪華寝台列車に乗って、
俳優の榎木孝明さんが旅立った。

Twilight Express

	大阪	新大阪	京都	敦賀	福井	金沢	高岡	富山	直江津	長岡	新津	洞爺	東室蘭	登別	苫小牧	南千歳	札幌
下り	12:00►	12:10►	12:38►	13:45►	14:41►	15:40►	16:15►	16:31►	17:59►	19:00►	19:40►	6:43►	7:17►	7:34►	8:03►	8:23►	9:07
上り	12:52	◄12:47	◄12:14	◄10:36	◄9:54	◄8:48	◄8:17	◄8:01	◄6:25	◄5:17	◄4:37	◄16:19	◄15:46	◄15:30	◄15:00	◄14:39	◄14:05

下り道内および上り本州内は着時刻

スイートでくつろぐ榎木さん。ソファーに身体を預けて、移りゆく車窓を楽しむひとときは、至福のプライベートタイムといっていい。

榎木孝明　えのき・たかあき

俳優。鹿児島県生まれ、NHK朝の連続テレビ小説「ロマンス」でテレビデビュー。「浅見光彦シリーズ」やNHK大河ドラマ「功名が辻」の浅井長政役など数々のドラマや映画、舞台で活躍中。旅先の風景を描き続ける彼の作品にはファンが多い。

“札幌”ゆきの文字に旅心をくすぐられるひとも多いはずだ。現在、JRでは最長距離を走る列車でもある。

大阪駅で乗り込む榎木さん。北の都へと向かう旅立ちに、期待と緊張とが入り交じる。列車の扉は非日常への入口でもある。

大阪発午後0時。街の喧噪を後に長駆21時間7分の旅立ちのとき

若い頃は歩く旅が好きだったと語る俳優の榎木孝明さんが北国への旅で選んだのが「トワイライトエクスプレス」。大阪と札幌とを結ぶ寝台特急だ。

「仕事柄、全国各地へ行く機会も多いのですがいつもは時間に縛られて、とても旅情を味わうことはできません。それだけに、寝台列車の旅には憧れを感じるんです」

正午。トワイライトエクスプレスはゆるやかな加速にのって大阪駅を離れた。寝台列車としては異例ともいえる昼間の旅立ちで、翌朝9時07分着の札幌まで、ほぼまる一日を列車のなかで過ごす陸上のクルージングである。

榎木さんがリザーブしたのは2号車3番・A個室スイート。編成中2室だけあるトップグレードの寝台だ。

「大胆に窓をとった明るい部屋ですね。スペースも十分です」

好印象とともに旅装を解く。

「車両の中央にあって揺れが少ないんです。旅慣れた方はこちらを好まれますね」

と専務車掌の足立忠一郎さんが説明するように、居住性のよさに重きをおいた部屋だといえるだろう。

スイートの入口に施された銘板。「A-3」の刻み文字が誇らしげにみえる。扉を開けると今日の一夜を過ごす贅沢な空間が待つ。

車掌はJR西日本とJR北海道が担当し、青森県の蟹田で交替する。スタイリッシュな制服と笑顔の乗車案内で爽やかに旅をエスコート。

紅茶やワイン、水割りセットなどからチョイス。乗車直後の昂まった心を、グラスを傾けながら癒していくのもいい。

発車後まもなく運ばれてくるウエルカムドリンクはA個室だけのサービス。ぬくもりのある演出に、旅人からは笑顔がこぼれる。

暮れなずむ日本海を眺めながら、信越本線を北へ向けてひた走るトワイライトエクスプレス。列車名に恥じないシーンといえる。

長い旅路ではこうした機関車の交換も行なわれる。停車時間を利用してホームを散策するのはちょっとした気分転換にもなる。

「旅に出るときは必ずスケッチブックを持っていくんです」と語る榎木さんが絵筆を取り出した。列車のわだちが創作心をも刺激する。

15年ぶりのスイートルームは 長い旅を愉しむ最高の空間

「15年ほど前に、ドラマの撮影でこの部屋を使ったことがあるんですよ」

そのときの榎木さんは、なんと殺人事件の犯人役。冷たい悪の魅力を見事に演じきった。

「西村京太郎さんの『トワイライトエクスプレス殺人事件』です。50名近いスタッフ、キャストと一緒で、乗車中はほとんど撮影。一睡もできずに旅情を味わうどころではありませんでしたが……」

そのとき以来の再会である。

「今日はひとり旅。時間に縛られずにじっくり旅と語り合いたい」

列車は琵琶湖の西岸を進み北陸路へ。魚津付近から左側に日本海が望まれるようになる。

「この付近の海には蜃気楼が現れ……」

旅路のなかのひとこまが一枚の絵に焼きつけられた。列車に寄り添うひとびとの姿が楽しげなのは、榎木さんの心の投影だろうか…。

車掌による車窓案内。琵琶湖や立山連峰、親不知などの見どころを通過する際にも簡潔な紹介が入る。

「こういう案内放送はいいですね」

榎木さんも気に入ったようだ。

断続するトンネルを抜けるとパッと日本海が開け、車内に午後の陽射しが射し込む。やがて柏崎付近の海岸線でクライマックスを迎えた。

「夕陽に照らされる海辺とダークグリーンの列車が刻むわだち。ゆっくりと流れる時間のなか、こうして揺られていると、次第に時間に対して寛容になってくるような気がするんです」

たそがれどきを迎え、窓に映る榎木さんの表情が心なしか感傷的に……。

Twilight Express

「走るホテル」でゆったり、個室列車の旅

トワイライトエクスプレス

インテリアも列車のなかとは思えない重厚さがある。照明は白熱灯でコーディネートされ、落ち着いた高級感を演出する。

線路と平行に設けられたベットはホテルと変わりのないレベル。開放的な居間と落ち着いたベッドスペースとの対比もいい。

スイート室内（2号車）。寝室と居間とはカーテンで仕切られ、ソファーセットやVTRモニター、専用のシャワー室などが備えられる。

Twilight Express

「走るホテル」でゆったり、個室列車の旅

トワイライトエクスプレス

ダイナープレヤデスはオリエント急行ふうのインテリア。緞帳式ブラインドなど手の込んだつくりにはどこか温もりが感じられる。

4号車サロンカーはトワイライトエクスプレスの社交場。ところどころのポイントでは、車掌による観光案内なども行なわれる。

いよいよ食堂車へ。入口ではダイナープレヤデスのエンブレムが乗客を出迎え、レストランの個性と高級感をさりげなくアピール。

メニューは季節ごとにコーディネートされる。一品ずつ簡単な説明が施されるだけでなく、料理長によるメッセージが添えられている。

フロアは2段式になっており、日本海側に向けて設えられたソファーが並ぶ。車端部には2基のシャワー室や自動販売機も完備。

トワイライトタイムから夜の旅へ フルコースディナーで心を満たす

実りを控えた田園風景を染めていた残照が夜に溶け込むころ、レストランカー「ダイナープレヤデス」では2回目のディナータイムを迎えた。

「昔、九州を往復する寝台列車や新幹線などで食堂車を使ったこともありますが、ずいぶん久しぶりです」

静かなクラシック音楽が流れるなかテーブルにつく。

「あれ？　又お会いしましたね」

と榎木さんが話しかけたのはスタッフの高木良子さん。発車直後から車内販売などで忙しく動き回っていたが、ここでも笑顔で接客にあたっている。

「スタッフが楽しく仕事にあたる気持ちがお客さまにも伝わると思うんです。1泊2日の旅をお客さまと一緒に楽しむと

黒毛和牛のポワレ、ニンニク風味のじゃがいものムースリーヌと有機野菜のサラダ。濃密なソースと新鮮野菜の取り合わせがいい。

すずきのオーブン焼き　香草ソース、ドライトマトとピメントのミトネ。小ぢんまりとした一品だが、十分に手の込んだ料理である。

瀬戸内産穴子のガトー仕立て　トリュフのヴィネグレット、パルメザンチーズとバジリコのフライ。

流れゆく夜景と心地よい揺れが晩餐の味わいを一層ひき立てる

食後のコーヒーをディナーの余韻とともに味わう。添えられた「おいしい」のひとことが榎木さんの気持ちを表わしているのだろう。

オマール海老のラヴィオリ　サフラン風味のスープ。絵筆によって生まれた色彩からは、明るく軽妙な味わいが伝わってくるようだ。

ドリンク類も豊富で、オリジナルのワインやウィスキーのほか、沿線の地酒なども。ほどよいアルコールが列車の一夜を盛り上げる。

列車は35分ほどで青函トンネルを通り抜ける。深夜にも関らず、サロンカーには乗客の姿も。

スケッチブックを取り出した榎木さん。絵筆が描き出したのは、料理だけではなく、旅がもたらした榎木さんの心象風景かもしれない。

料理の説明を受ける。こうしたきめ細やかなサービスを維持するのは大変だと思うが、この列車の好感度を高める大切な要素でもある。

言ったらいいでしょうか」

「がんばってくださいね」

榎木さんからも笑みがこぼれる。

予約しておいたのはフランス料理のフルコースディナー。料理は通常のコースと同様に、前菜から一品ずつ供される。ひとつひとつの料理名が告げられては、待ちわびる乗客のテーブルに載せられていく。

「温もりのある灯りに優しく抱かれて、列車の揺れに身を任す。ほかの皆さんも楽しんでいますね」

そんな夜餐の雰囲気に誘われたのか、榎木さんがスケッチブックを開いた。

「盛り合わせも美しく気持ちがいいですね。忘れたくない経験です」

そう呟きながら絵筆を動かす榎木さんの手から、色づけされて料理が生まれ変わっていく。

「旅先で、自然と絵筆を取り出したくなるときがあるんです。その瞬間との出会いを大切にしていけたらいい」

ディナーは黒毛和牛のポワレで最高潮を迎え、デザートとコーヒーで鎮められた。

「味も上々。一流レストランと比べても遜色がありません。この揺れる車内であれだけの料理が出せるのにも感心するばかりです」

ほのかな酔いとともに自室へ戻る。シャワールームで一日を締めくくり、ベッドへ。列車は3時14分ごろに青函トンネルに突入したはずだが、

「う～ん。気がつきませんでした」

というほど快適な夜だったようだ。

夜

或る夜のディナーコース

アミューズ・グール＜枝豆のタルト＞
Amuse-gueule <Tart à l'EDAMAME>

緑健トマトのコンソメマドリッド、帆立貝のマリネと冷製ラタトゥイユ
Consommé madrilène, St-Jacques marinées,
ratatouille froide

最高級イベリコ豚で作ったベーコンのロースト、
フランス産セップのソテー、
北海道新じゃがいもとチコレ・ミニマーシュのサラダ
Lard iberique rôti, cèpe de Bordeaux sauté,
salade de pomme de terre et de légume d'automne,
sauce vinaigrette de noix

カナダ産オマール海老の白ワイン蒸し、
柔らかくエチュベしたポロ葱と
フランス産クレッシュジロール茸のソテー
Homard à la crème, poireaux étuvées, et girolles sautées

じっくりと焼き上げた極上新潟牛のポワレ、
アルデンテに仕上げた京都有機赤米のリゾットと
秋野菜のソテー、レフォールソース
Excellent de bœuf NIÏGATA,
risotto d' AKAMAI,sauté de légumes d'automne,
jus de bœuf au raifort

メイプルで焼き上げる無花果とブルーベリーのロースト
ゴルゴンゾーラチーズとくるみ、グラス・ヴァニーユ
Figue et myrtilles rôtie au
gorgonzola et noix, parfumé sirop d'érable, glace à la vanille

コーヒー、紅茶又はハーブティー
Café, thé ou infusion

イベリコ豚のベーコンは、豊富なアミノ酸による旨み、甘みが特徴。ソテーやサラダを引き立てる。

白ワインで火を通したオマール海老を、軽めのクリームソースで仕上げる。ポロ葱やジロール茸のエッセンスがソースに深みを与えている。このソースとパンの相性もよろしい。

この皿よりディナーが始まる。チーズやクリームたっぷりの生地に旬の枝豆を使ったタルト。

塩水に漬けて焼き上げたものなど、パンは特注で4種揃っている。手前の斑点はドライトマト。

帆立貝と冷製南仏風野菜の煮込み、トマトの冷製コンソメのカクテル風のオードブルである。

ディナーの最後となる野生葉オレンジのハーブティー。コーヒー、紅茶も用意されている。

牛肉は極上の新潟牛フィレ肉。付け合わせには歯応えよく（アルデンテに）仕上げた、有機赤米のリゾットや秋野菜など。レフォール（西洋わさび）のソースを添えた。

掉尾を飾るのは、無花果とゴルゴンゾーラチーズ（青かびのチーズ）の妙なる取り合わせ。デザートワインや赤ワインにもよく合い、ほてる心に名残惜しさを募らせる。

食堂車で朝食を味わう。いまや限られた列車だけの楽しみになったが、こうした旅のひとこまがずっと大切にされていってほしい。

（上）A個室にはモーニングコーヒーのルームサービスがある。食堂車のスタッフに時間を指定しておけば自室で味わうことができる。（下）スイートのベッドに身体を預けてコーヒーを味わう。窓は天地が広く、くつろいだ姿勢でパノラマをひとりじめできるのもいい。

21時間余の列車旅は、もの思う時間をたっぷりと与えてくれた

朝食は朝6時から。前日のうちに時間を区切って予約。洋朝食はタマゴ料理とサラダを主体にしたライトメニュー。

和朝食はちょっとした旅館よりも充実した内容。ご飯がお代わり自由というのもうれしく、食後のコーヒーもサービス。

いよいよ列車は北の大地へ……車窓の変化に人生の旅路を重ねた

「よく眠れました！」

笑顔の榎木さんがスイートの扉を開けたところ、朝を迎えた列車は内浦《うちうら》湾を間近に望みながら函館本線を北上しているところだった。

「穏やかな海ですね。海辺の風景のなかで朝を迎えられるのは快適です」

食堂車で朝食をとりながら眺めると、都会とは異なり空が広い。

「途中、窓の外に目をやったら大沼の畔を走っていたんです。朝ぼらけのなかに駒ヶ岳も望まれて、何と贅沢な朝だろうと嬉しくなりました」

左の車窓には昆布《こんぶ》岳や有珠山《うすざん》などが夏の朝日に照らされている。

「一夜でずいぶんと変わるものですね。

内浦湾に沿って北上するトワイライトエクスプレス。朝を迎えてからの時間も比較的長く、そのぶんゆったりと車窓を楽しめる。

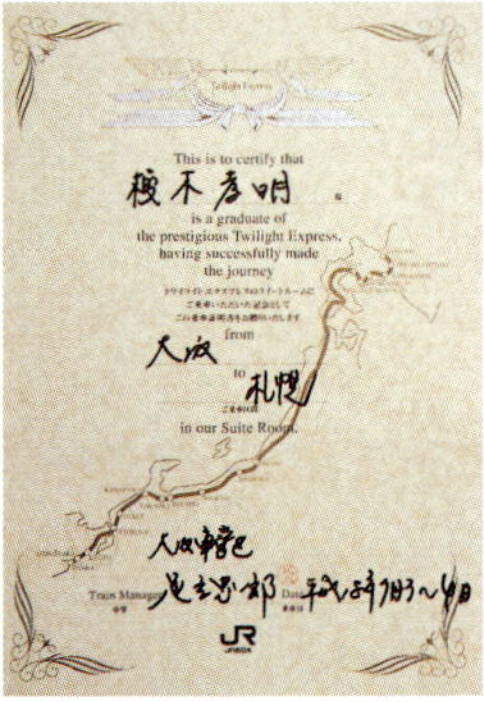

スイートの乗客に進呈される「乗車証明書」。氏名や乗車日、区間が手書きで記され、担当車掌の署名が入る。手づくりの記念品だ。

こちらも車掌の手づくり。沿線のおもな駅のスタンプを手製の路線図とともにコレクション（写真は上り列車のもの）。

Twilight Express

「走るホテル」でゆったり、個室列車の旅

トワイライトエクスプレス

北海道内ではディーゼル機関車の重連が牽引。機関車の力強さと10両の客車の流麗なフォルムとの対比が美しい。

旅の距離を感じるのには、鉄道というのはとてもいいんじゃないでしょうか。単なる移動の手段ではないからこそ、旅心をくすぐられます。リラックスできましたし、揺れが刺激をくれるようです」

創作意欲が湧いたのはスケッチだけではなかったようで、自宅では美瑛《びえい》にあるご自身の美術館に飾る書のための詩を編んでいたという。

「ぼくにとっての汽車旅の原風景というのは、旅立ちのとき小さくなっていく駅のホームの上でいつまでも手を振っていた両親の姿なんです。故郷との最初の決別と言っていいでしょうね。その時はローカル線から寝台列車に乗り換え東京に向かいましたが、故郷と列車とは切り離せない関係。列車に揺られているとあのころの記憶が蘇ってくるようです」

〝あのころ〟と比べれば格段に乗り心地のよくなった列車だが、ここで旅をしているのは、まだ少年だったころのままの榎木さんなのかもしれない。

車窓に新千歳空港が現れる。空路ならわずか1時間50分で着いてしまう距離を、ほぼ一昼夜をかけて走ってきたトワイライトエクスプレスの旅もそろそろ終焉が近づいてきた。

「列車の旅は、やろうと思えばいつでもできるところもいい。こんどは家族を連れて旅に出てみたい」

そう語る榎木さんの心のなかにあるのは、旅の余韻だけではないようだ。

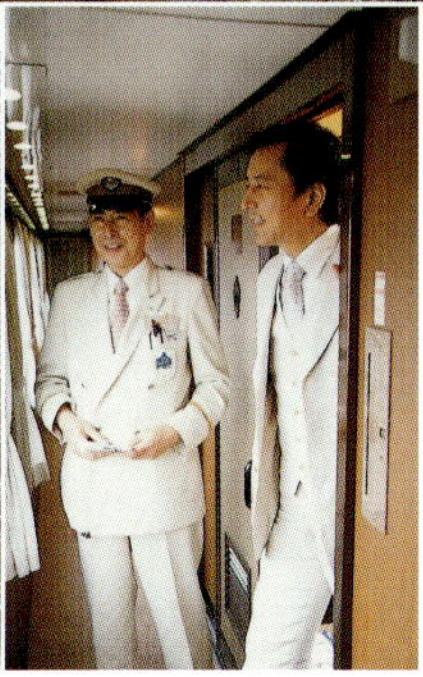

（左）北海道の風景を眺めながらＪＲ北海道の松岡和彦車掌と談笑。「トワイライトへの乗務は誇りでもあります」（右）21時間7分の旅を経て札幌駅へ。錯綜する線路を、緑の車体をくねらせながらホームへと歩んでゆく。たくさんの思い出を運んで……。

札幌駅に降り立つ。長い旅路だったが、旅人の表情に疲れはない。「心地よく旅ができました」と語る榎木さん。

夢の列車旅を実現する華麗なる舞台

垂涎の「展望スイート」から4人用のコンパートまで、旅の目的や予算、メンバーによって好みで選びたい客室のすべてをお見せします。

今回1号車1番の「スイート」を射止めたのは、「日本一周をするのが夢」だという和歌山の中西夫妻。「夢をふくまらせてきました！」

A個室スイート

憧れの対象である「スイート」は、A個室車最後部（下りの場合）の1号車1番と2号車の中央にそれぞれ1室ずつある。人気があるのは当然ながら三方向に眺望が得られる1号車のほうで、プラチナチケットといわれるほどチケットの入手が困難である。設備、備品面ではまったく変わらないが、居住性では、車両中央部にあるため揺れの影響が少ない2号車のスイートが上だといわれる。さて、あなただったらどちらを？

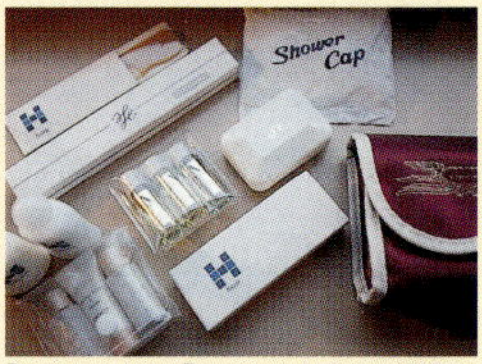

「スイート」と「ロイヤル」のみに用意されている洗面セット。乗車記念に持ち帰ることができる。

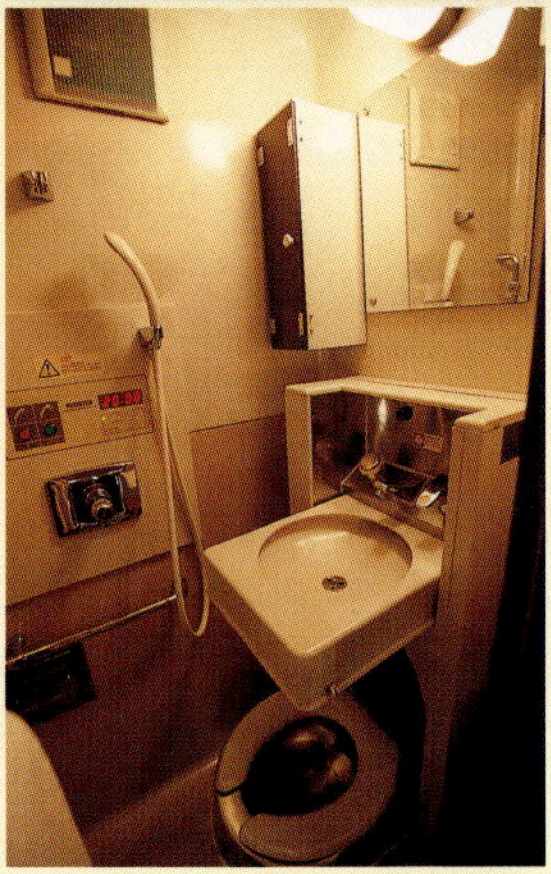

シャワールームには、限られた空間を有効活用できるよう、トイレと洗面台も収納式で備え付けられている。「ロイヤル」も同装備。

2号車の「スイート」。左側が共用廊下になっているのが、1号車の「スイート」との大きな違い。乗客となったのは大阪の田中夫妻。「単なる寝台車なら乗りません」とご主人。

2人での使用に対応しているために、電動でセミダブルに変身するソファが大きな特徴となっている。

A個室ロイヤル

窓に向いた椅子が窓が展望的意味合いを強調しているが、もちろん椅子は目的によっていかようにも使うことができる。

「スイート」と並んでA個室車の一方の主役「ロイヤル」。設備や広さ、雰囲気は決して引けをとらない。基本的には1室1名だが、印象的な紺色の大きなソファはセミダブルのベッドに変身するから、2名でもOK。十分にくつろげる。椅子やテレビ、シャワー、洗面、ドライヤーセット、トイレも完備されている。「スイート」と同じく、入室時や朝に飲み物サービスを受けられる。

テレビは組み込み型。ドライヤーセットと一体となっている。

B個室ツイン

B個室は2人用のツインと、エキストラベッド付き1人用シングルツインに分かれる。上下2段寝台をベースにしたツインの、ふたつのソファは可変式で、シングルベッドに早変わり。上段のベッドは電動で上下し、寝ながらでも車窓を楽しめるようになっている。間仕切りを取り外して、4人まで利用できるタイプもある。

シャワールームはついていないが、結構ゆったりとしたB個室ツイン。4チャンネルのオーディオが楽しめる。

共同の設備も機能的

(写真右)共用のシャワールームはサロンカーに備えられている。食堂車でシャワーカード(310円)を購入すれば30分(シャワーは6分間)使用することができる。(左)Bコンパートを除いて個室の鍵は、すべてカードキーになっている。

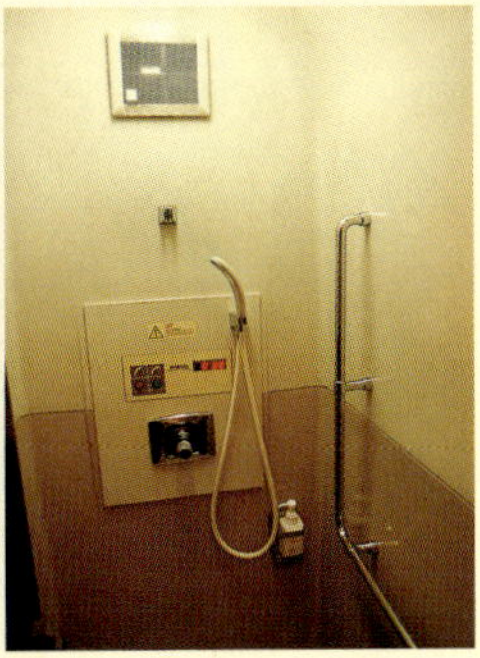

これが普通の状態。なかなか広そうに写っているが、実際はやはり狭い。

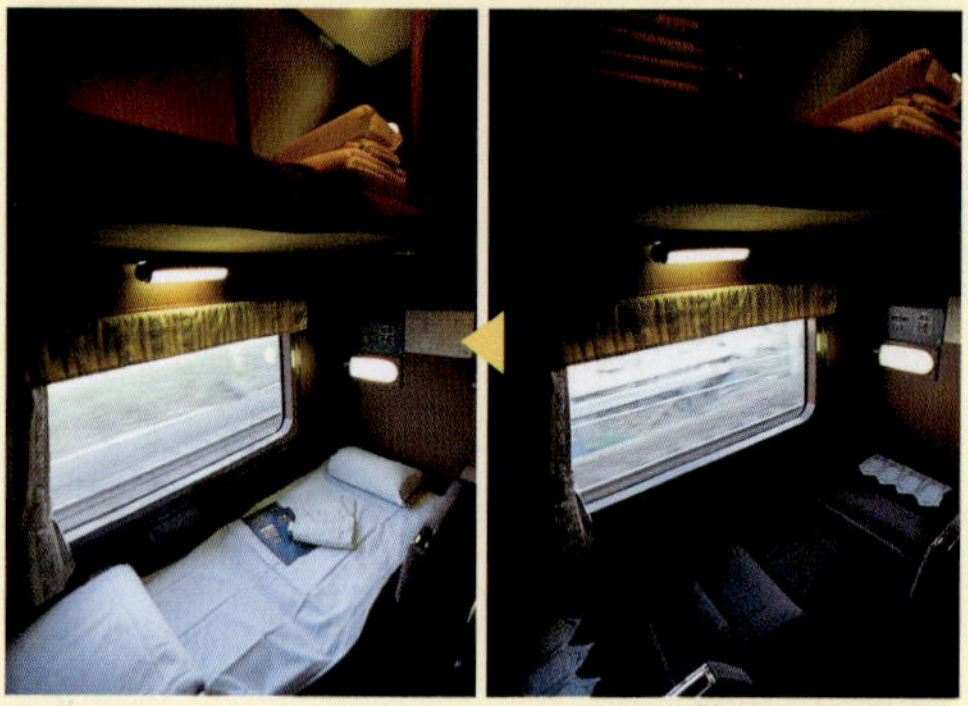

ソファを引き出して、ベッドをつくると、このような状態に。上段のベッドは荷物置き場になるので、その荷物を降ろして寝るということは面倒臭いのでまずしない。やはりこういう手順でベッドをつくることになる。

B個室シングル

今回利用したのがこのシングル。正式には「シングルツイン」となっているが、これは上段に固定ベッドが付いているため、2人でも利用できることを意味する。が、かなり狭いからそれは少々無理があるような気もする。この部屋の最大の特徴は、レールと平行してベッドがあること。つまり流れる車窓を寝ながら楽しめる。とりわけ世界が徐々に光を取り戻していく夜明けは、素晴らしい。

喫煙所でもあるミニサロン

7号車にあるミニサロン。濃緑の本革張りのソファがなかなか居心地がよろしい。自動販売機や雑誌各種も置かれている。8、9号車あたりからサロンカー、食堂車へ出向く途中の休憩所的な雰囲気も持ち合わせている。一般には喫煙所としての使われ方が多い。

Bコンパートの廊下を歩く。意外と客は入っていない。やはり人気は食堂車より向こうか。

Bコンパート

8、9号車のBコンパートはいわゆる相部屋（4人用）。昔懐かしい夜汽車のにおいがする。豪華な「トワイライトエクスプレス」のイメージからは遠いが、乗ったという事実を手に入れたいのなら、料金も安くお勧め。やはり4人グループで利用するのが最高に楽しいと思う。睡眠時はカーテンを引くことでプライバシーは確保される。上段ベッドへは簡易階段を引き出して登る。足元にご注意を。

上・下段ベッドとも固定式で〝変身〟はしない。下段はソファ兼用。その幅と背もたれの具合が寝台だということを認識させる。

「スイート」から北海道の内浦湾をはさんで太平洋に上がる朝日を望む。上りの場合は最前部になるので、機関車に視界を遮られる。この点で下りに一歩引けを取る。

トワイライト エクスプレス
編成図&室内図

A個室2号車スイート

サロンカー並みに、屋根まで回り込む大きな窓が特徴。1号車スイートと設備は変わらない。車両中央部になるため、片側が廊下と接するが、ゆったりとしたレイアウトが特徴。1号車スイート同様、補助ベッドを使用して3人まで利用可。

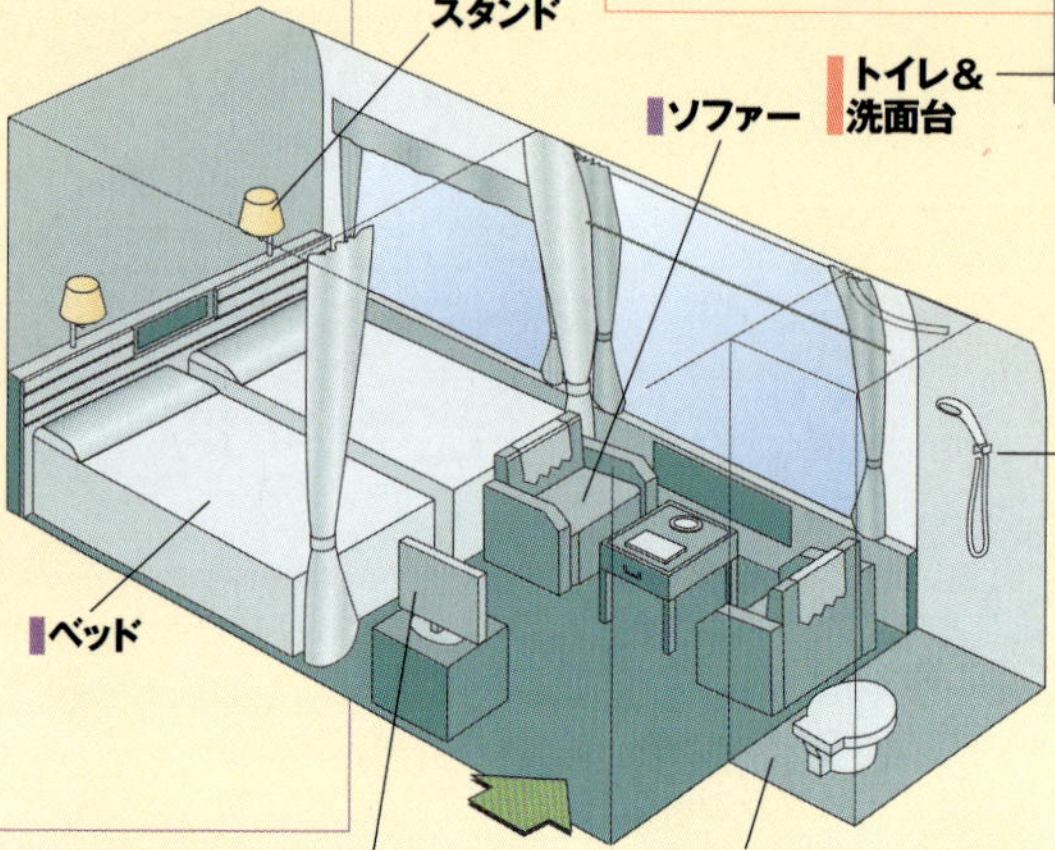

ロイヤル

計8室ある。高い天井、シックな色調のインテリア、アンティックな照明でスイートとは差別化を図っている。ベッドは可動式でセミダブルサイズに。トイレ&シャワールーム、テレビなどを備える。受けられるサービスはスイートと変わらない。

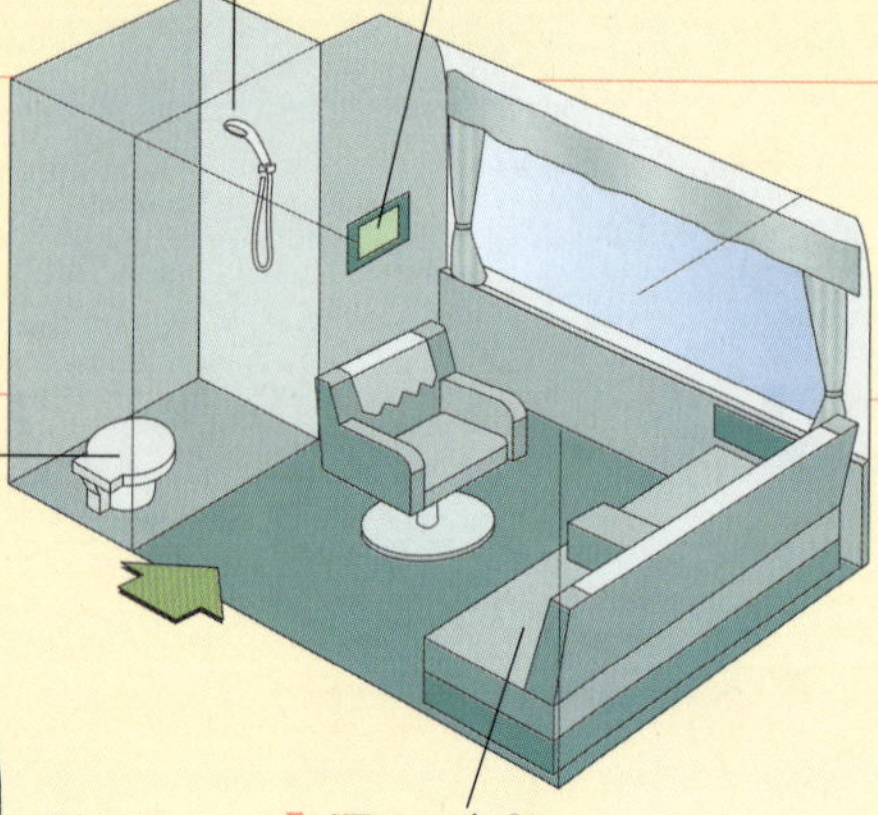

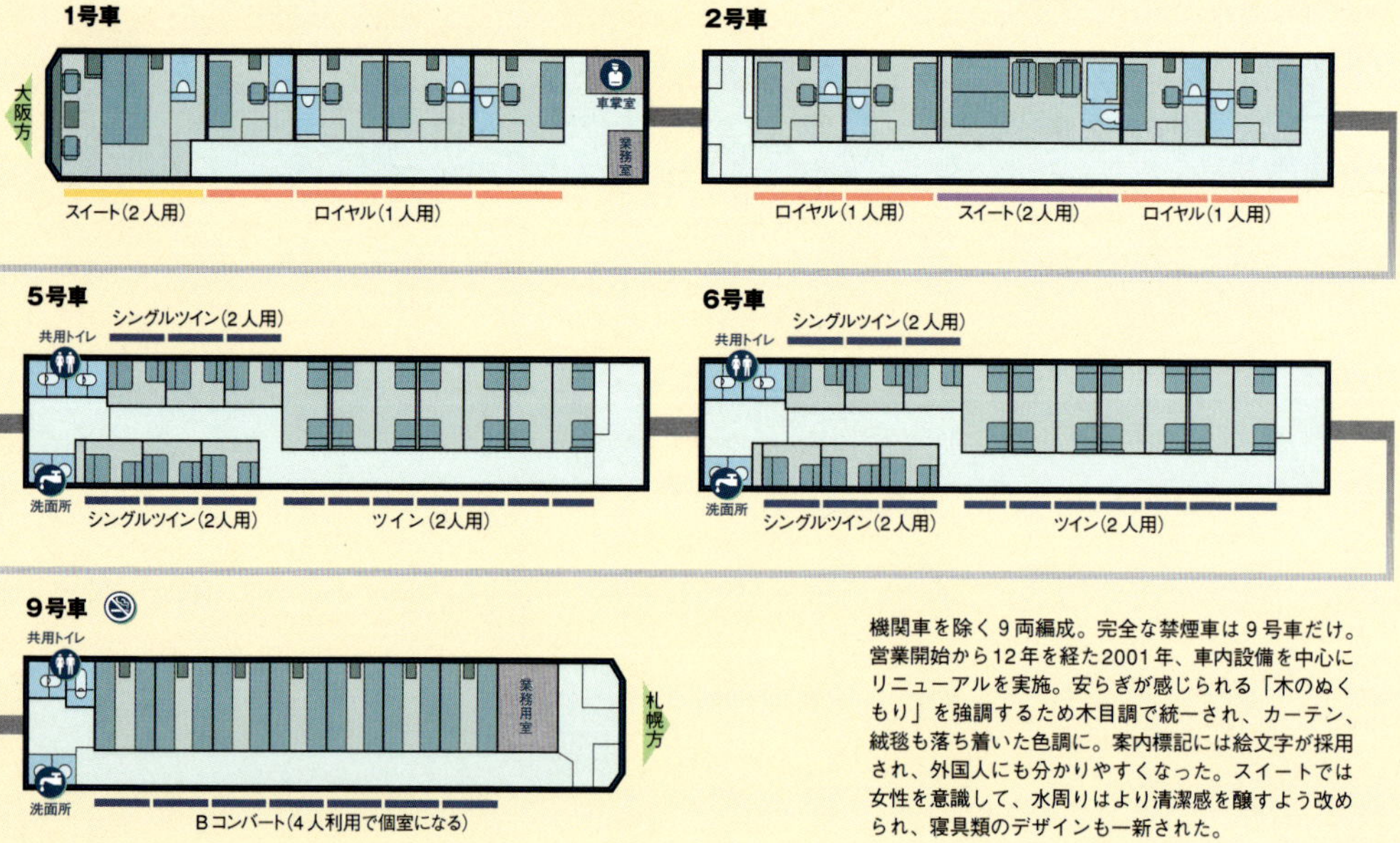

機関車を除く9両編成。完全な禁煙車は9号車だけ。営業開始から12年を経た2001年、車内設備を中心にリニューアルを実施。安らぎが感じられる「木のぬくもり」を強調するため木目調で統一され、カーテン、絨毯も落ち着いた色調に。案内標記には絵文字が採用され、外国人にも分かりやすくなった。スイートでは女性を意識して、水周りはより清潔感を醸すよう改められ、寝具類のデザインも一新された。

A個室1号車スイート

シャワー、洗面台がセットされた専用のトイレ、オーディオ、ビデオモニター、冷蔵庫、ドライヤー、バスローブ（スイートのみ常備）、洗面セットなどが設備されている。カーテンや絨毯は洗練されたカラーで統一。ベッドルームと展望車部分はカーテンで仕切ることができる。A個室車はすべて食堂車直結のインターホンでルームサービスを受けられる。

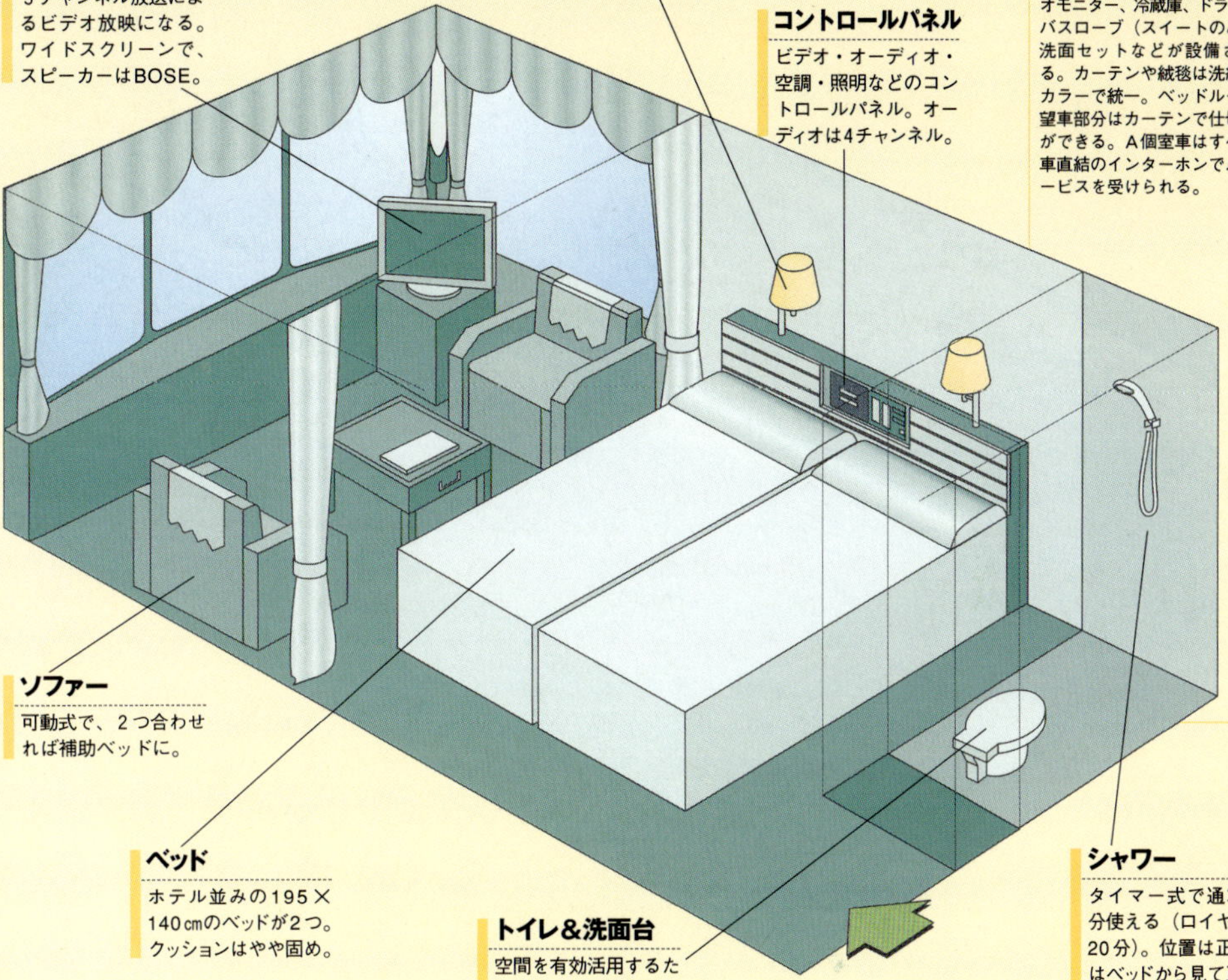

テレビ

一般放送は観られず、3チャンネル放送によるビデオ放映になる。ワイドスクリーンで、スピーカーはBOSE。

ライトスタンド

照明は調光式。好みの明るさに調節できる。

コントロールパネル

ビデオ・オーディオ・空調・照明などのコントロールパネル。オーディオは4チャンネル。

ソファー

可動式で、2つ合わせれば補助ベッドに。

ベッド

ホテル並みの195×140㎝のベッドが2つ。クッションはやや固め。

トイレ&洗面台

空間を有効活用するためどちらも折り畳みで、手前に引いて使う。

シャワー

タイマー式で通算25分使える（ロイヤルは20分）。位置は正確にはベッドから見て正面。

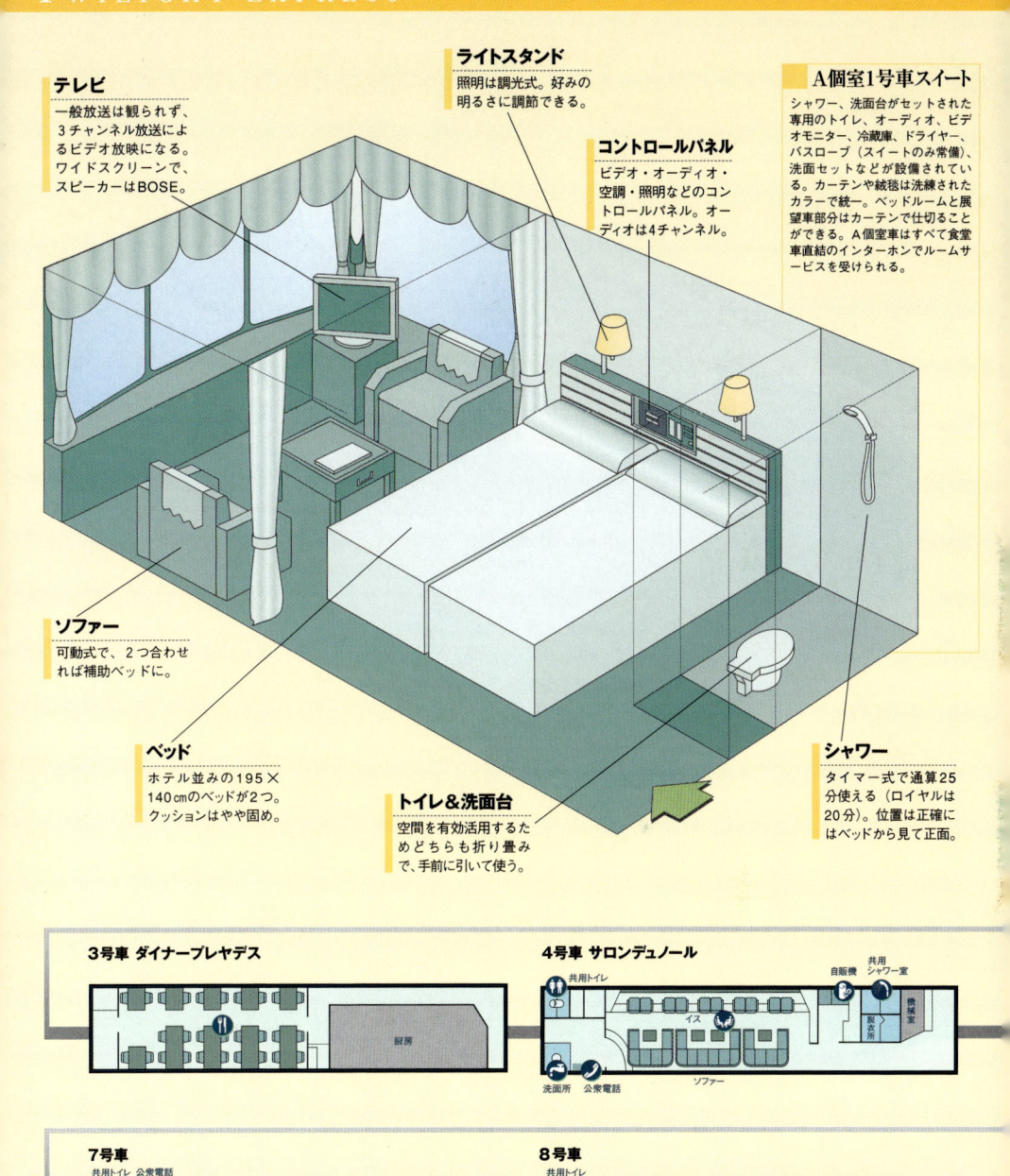

3号車 ダイナープレヤデス

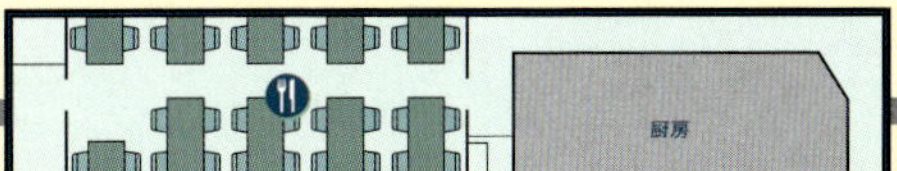

4号車 サロンデュノール

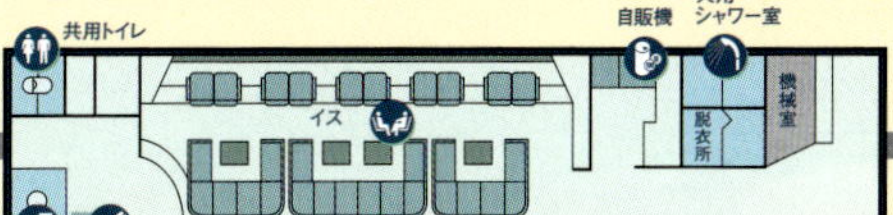

7号車

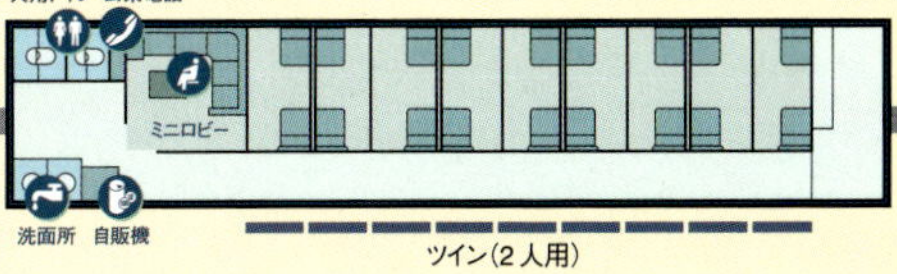

8号車

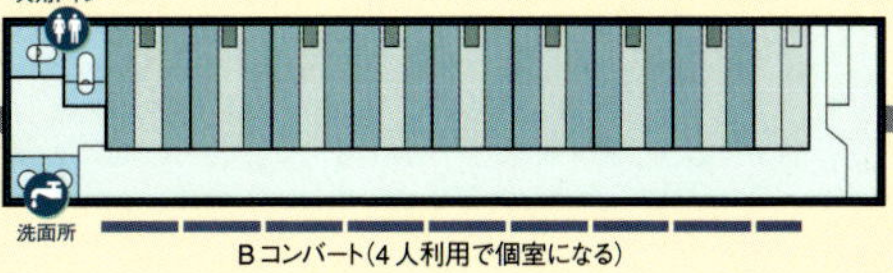

が豪華寝台特急に乗る

種村直樹さん プロフィール

1936年（昭11）、滋賀県生まれ。毎日新聞記者を経て、1973年からフリー。レイルウェイ・ライターとして、鉄道と汽車旅をテーマに著作を続ける。主な著書に、『気まぐれ列車で行こう 瀬戸内・四国スローにお遍路』（実業之日本社）、『東京ステーションホテル物語』（集英社）『日本縦断「ローカル列車」を乗りこなす』など。

「走るホテル」でゆったり！個室列車の旅

レイルウェイ・ライター 種村直樹さん

カシオペア 上野ー札幌 18時間の旅

Cassiopeia

ベッドで目覚めると、窓の外を見知らぬ景色が流れている……。
世界で最もぜいたくな旅、上野発札幌ゆき寝台特急「カシオペア」。
30年以上に渡り、日本の鉄道を見つめてきた
レイルウェイ・ライター種村直樹さんが、その魅力を語ってくれた。

ゆっくりと、時が流れる個室寝台
日本の鉄道が誇る豪華列車で
風薫る、北の大地へ旅立つ

個室2階席からの眺めは何でもない風景を旅情あふれる車窓に変える

（上）最前部の12号車に連結された、共用スペースのラウンジカー。
（下）2000年には、"最も優れた新型車両"として、鉄道友の会選定による「ブルーリボン賞」を受賞した。

カシオペアスイートには、ワイン、ウイスキー、お茶などの「ミニバーセット」が届く。昼間はお酒を飲まないという種村さんだが、旅立ちを祝しワインと水割りで乾杯。

上野駅を発車すると、まもなくすべての客室にウェルカムドリンクが運ばれて来る。

「青函トンネルができて、寝台特急『北斗星』が初めて上野と札幌を結んだ時は、感慨深かったものです。ですから、その北斗星を超える列車としてカシオペアが登場したときは、嬉しかったですね。世界を見ても、有数の豪華列車と言えると思います」

上野駅を出発した寝台特急「カシオペア」が、鶯谷、日暮里と見慣れた駅を通過していく。その個室、「カシオペアスイート」の二階座席で、種村直樹さんはカシオペアと札幌ゆき寝台特急への想いを語ってくれた。

種村さんは、鉄道を専門とする紀行作家、「レイルウェイ・ライター」30年以上に渡って活躍してきた、この世界のパイオニアだ。

「上野を発車してすぐの車窓も、いいものです。昔ながらの下町風景で、どこかパリの下町を思わせます」

大宮を出てしばらくすると、真新しい住宅にまじって、田畑や雑木林などの緑がふえてきた。

「この辺りは、JRが宇都宮線という愛称をつけていますが、本来は東北本線の一部です。宇都宮線というと、通勤電車のイメージですが、実際に汽車に乗って高いところから眺めると、結構、緑も残っていますね」

何でもない風景も、カシオペアの2階席からだと、どこか旅情を感じる。

「在来線だからよく見えるんです。ゆっくり走ってくれるから面白い」

黒磯を過ぎると、車窓は次第に渓谷の趣となる。最前部のラウンジカーから眺めれば、夕日が山に映えて美しい。

「このラウンジカーのような、くつろぐための空間は、旧国鉄時代末期の1985年（昭60）、当時鹿児島ゆきだった〝はやぶさ〟に連結されたロビーカーが最初です。当時は〝九州ゆきの各寝台列車が豪華な設備を競っていましたが、今では見る影もありません。いくつもの会社をまたがって走ることが災いしたようです。国鉄分割の弊害とも言え、残念なことです」

早い時間に食事を済ませた人たちが、ラウンジに集まってきた。年配の夫婦、女性グループ、親子づれ…。その顔ぶれは、意外なほど多彩だ。

カシオペアの停車駅・発着時刻		
下り		
上野		発16:20
大宮	着16:43	発16:44
宇都宮	着17:49	発17:50
郡山	着19:12	発19:13
福島	着19:50	発19:52
仙台	着20:56	発20:58
一ノ関	着22:06	発22:07
盛岡	着23:14	発23:16
函館	着 4:18	発 4:30
森	着 5:15	発 5:15
八雲	着 5:42	発 5:42
長万部	着 6:07	発 6:07
洞爺	着 6:38	発 6:38
伊達紋別	着 6:50	発 6:50
東室蘭	着 7:09	発 7:11
登別	着 7:26	発 7:26
苫小牧	着 7:55	発 7:56
南千歳	着 8:15	発 8:16
札幌	着 8:54	

ラウンジカーでくつろぐ種村さん。日の長い夏は、19時頃まで車窓の景色を楽しめる。

今回利用した、メゾネットタイプの「カシオペアスイート」はシャワーまで備える　（上）１階は、落ち着いた雰囲気のベッドルーム　（下）機能的な階段には、足下灯も。（左）２階は窓の大きなリビングルーム。ソファはベッドにもなり、３人利用もできる

Cassiopeia

「走るホテル」でゆったり、個室列車の旅

カシオペア

（右端）５号車と９号車のデッキに設置されたミニロビー。ちょっとした気分転換にいい。（右）／ミニロビーの前には、ソフトドリンクの自動販売機がある。お酒は、売店か車内販売で販売している。（左）最近ではあまり利用されなくなったが、カード式の公衆電話もある。

出発以来曇っていた空から、青空がのぞき、夕方の太陽の光が差し込んできた。足を止め、しばらく車窓に見入る種村さん。

種村直樹さんの カシオペアのりこなし ワンポイントガイド 1

「一般室のカシオペアツインには、１階室と２階室があります。２階室のほうが眺めがよく、揺れも少ないのでお勧めです。また、各車両の端には一階構造の個室があり、通常より天井が高く開放感があります。予約する前に、自分が利用したい部屋のタイプを決めておきましょう」

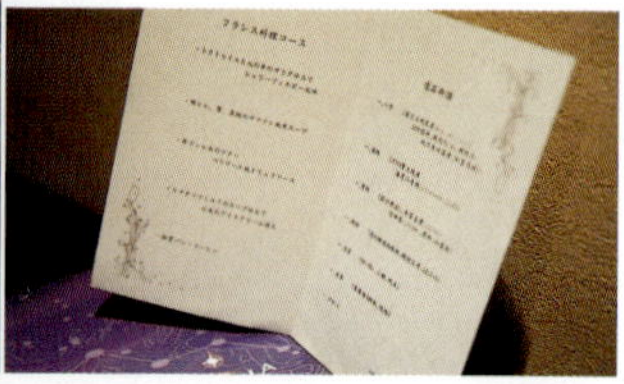

ディナーは、すべて事前予約制。カシオペアらしく、北海道産の食材をふんだんに使ったメニューで、ボリュームも充分。

ディナータイムで冷酒「男山」をオーダーした種村さん。フランス料理にも合うと、満足そう。

狭いながらも本格的な、ダイニングの厨房。二人のコックが、忙しそうに料理を盛りつけていた。

揚物、焼物、造物などが美しく盛られた懐石御膳。17時15分からの1回目のディナーは懐石御膳限定だ。

スタイリッシュなインテリアのダイニングカー。きれいに並べられたテーブルセットを眺めると、ディナーへの期待が高まる。

（上）フカヒレ、蟹、真鯛のサフラン風味スープ。
（下）牛フィレ肉のソテーペリゴール風トリュフソース。

20時を過ぎた頃、3号車のダイニングカーへ。カシオペアのディナーは、3交代の予約制。もっと早い時間にしたかったが、ディナーの予約は、寝台以上に競争が激しい。

「お食事のお客様ですか」。予約券を見せ、二人用の席に案内してもらう。

「食堂車では、昔から相い席が習慣になっています。ですから、カシオペアのような列車でも、少し遅れていくと四人掛けのテーブルで他のお客さんと一緒になることがあるんです。二人で落ち着いて食事を楽しみたい方は、予約時間より早めに行くといいでしょう。もっとも、たまたま相い席になった人と語らうのも、旅の楽しみだったと思うのですけどね。最近は、そういった光景も、あまり見られなくなりました」

カシオペアのディナーは、フランス料理のコースが中心だ。メニューは、フランスの三ツ星レストラン「オーベルジュ・デゥ・リル」、「フォション」などで修行を積んだ、佐藤憲雄シェフ（日本レストランエンタープライズ最高調理責任者）の考案。和食が好みなら、懐石御膳もある。値は張るが、列車の中とは思えない本格的な味を楽しめる。

「やはり、走る列車の中で暖かい料理を食べられるというのは、いいですね。かつては、長距離特急・急行列車には必ず食堂車が付いていたものです。僕も、食堂車が営業している列車に乗ったときは、できる限り利用しました。

夕暮れの東北本線を北上する「カシオペア」。美しいシルバーの車体が、一層映える。

(上) 天井まで伸びたダイニングカーの2階の窓。
(左) 人影少ない、深夜のラウンジ。青森、函館間は最後尾になるので、朝日をここで独り占めするのも悪くない。

Cassiopeia

「走るホテル」でゆったり、個室列車の旅

カシオペア

列車の中で、暖かい料理を口に運ぶ「食堂車」は列車の旅の最高の歓び

学生の頃は、なかなか料理には手が出ず、紅茶だけで粘ったり。こっそり持ち込んだウイスキーを紅茶にまぜる、という知恵を教えてくれた人がいたんですよ。見た目は変わらないけど、次第にウイスキーが強くなるという……(笑)」

「食堂車と車内販売を愛する会」を自称したこともあるという、種村さんらしいエピソードだ。

「こうした列車や食堂車は、採算が難しいとは言うけど、例えば企業がスポンサーになり、走るショールームとして運行できないかと思うんです」

冷酒「男山」を飲みながら、汽車旅の魅力を伺ううちに、夜も更けてきた。個室に戻り、そろそろ寝ることにする。ベッドルームに戻る種村さんを見送ると、間もなく、一ノ関駅に停車した。

レールの音を聞きながら、窓の灯りを眺めるうちに、いつしか心地よい眠りに誘われる。

種村直樹さんの
カシオペアのりこなし
ワンポイントガイド 2

「ディナーを予約できなかった人は、21時45分からの『パブタイム』が穴です。早めにダイニングカーの通路に並んで席を確保すれば、手作りピザなどの一品料理を味わうことができます。23時までと閉まるのが早いのが残念ですが、一度は利用してみましょう」

取材・文／栗原 景　撮影／石崎幸治、レイルマンフォトオフィス、真島満秀写真事務所

寝台列車のとっておきの名シーンを楽しむ
カシオペアの車窓八景

カシオペア 18時間の旅 主要な停車駅の風景

上野 16:20　大宮 16:44　郡山 19:13　仙台 20:58

1 東北本線 上野～大宮

日常とのしばしの別れ。見慣れた駅のホームが、まるで別世界のようだ。荒川を渡ると、旅立ちを実感する。

2 東北本線 白河～久田野

鉄道ファンには、東北本線の撮影ポイントとして有名な区間。築堤から眺める、夕暮れの水田が美しい。

3 青函トンネル 吉岡海底駅

青函トンネル内の海底駅は、深夜に通過。暗闇の中を走っていると、突然、明るい蛍光灯の灯りが窓の外を過ぎ去る。

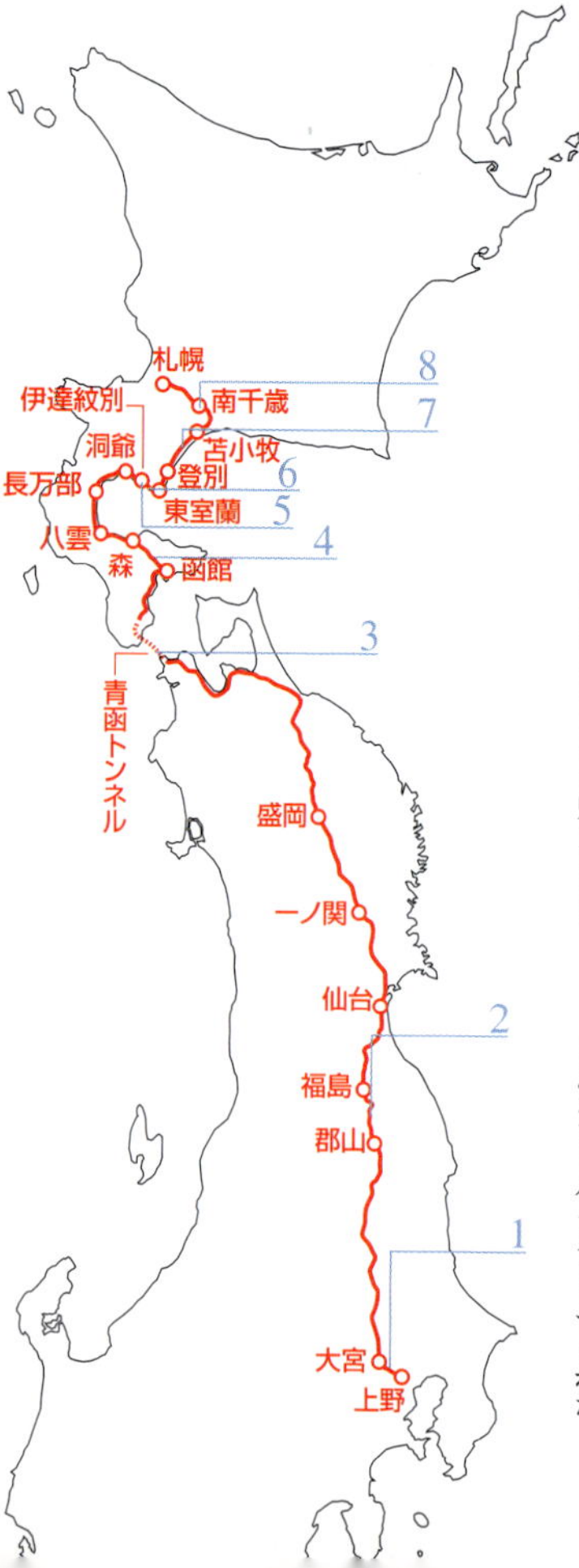

カシオペアは、設備が豪華なだけでなく、その車窓風景もすばらしい。東京の喧噪、のびやかな田園が広がる関東平野、大沼の森と湖、駒ケ岳などの山容、内浦湾、そして太平洋……。様々な車窓を一夜の前後に楽しめるのが、カシオペアの大きな魅力だ。そんなカシオペアの車窓を楽しむこつを、種村さんに教えていただいた。

「東京などの方は、下りの札幌ゆきがお勧めです。都会を夕方離れ、寝ているうちに北海道に運ばれる感動は、飛行機では味わえません。逆に、北海道にお住まいの方なら、上りの上野ゆきが良いでしょう」

旅の帰路に寝台列車を利用すると、終着駅が近づくにつれ日常生活に引き戻されてしまう。非日常へ旅立つ、行きに利用するのがいい。ただし、上りの上野ゆきには、札幌ゆきにはない魅力もある。

「上りは、ラウンジカーが、函館―青森間を除いて最後尾になります。展望タイプのカシオペアスイートを利用しなくても、誰でも列車後方のパノラマを楽しむことができるんです」

逆に言えば、展望タイプのカシオペアスイートを利用するなら、最後尾になる下りに乗るべきということだ。せっかくカシオペアに乗るなら、列車と機関車の向きを把握しておこう。

「季節は、夏がいいでしょう。もちろん、冬の北海道も魅力的です。しかしカシオペアの場合、東北本線白河付近や、函館本線大沼付近など、景色がいい区間の大部分を、暗い時間に通過してしまいます」

さて、全車個室のカシオペアでは、終始個室で過ごす人も多い。そんな人に向けて、種村さんは、こんなアドバイスもしてくれた。

札幌 8:54

南千歳 8:15

登別 7:25

長万部 6:07

八雲 5:41

盛岡 23:16

5 室蘭本線 伊達紋別～北舟岡

内浦湾に沈む夕日が、カシオペアの車体を赤く照らす。この景色を見られるのは、札幌発の上り列車だけだ。

4 函館本線 落部～野田生

森駅から、カシオペアは内浦湾沿いの海岸を走る。天気が良ければ、海越しに駒ケ岳を望むこともできる。

7 室蘭本線 白老～社台

白老～沼ノ端間27.8kmは、日本で最も長い直線区間。太平洋や馬牧場、市街地など、めまぐるしく車窓が変わる。

6 室蘭線 稀府～黄金

朝靄の残る原野を、札幌を目指してひた走る。この辺りで、列車は内浦湾と別れ、しばらく内陸に入って行く。

8 千歳線 南千歳付近

新千歳空港に発着する飛行機が見えると、札幌ももうすぐ。この辺りでも、森や原野など北海道らしい風景を見られる。

Cassiopeia

「走るホテル」でゆったり、個室列車の旅

カシオペア

種村直樹さんがすすめるとっておきの車窓ベスト3

大沼と駒ケ岳

「森の間に大沼が見え、その遙か向こうに駒ケ岳、という景色は、道南屈指の車窓です。右に大沼、左に小沼が見える所も美しく、デッキかラウンジから眺めましょう」

北海道の家並み

「青函トンネルを抜け、目が覚めたら、まず窓の外を見てください。民家の佇まいが本州とは異なることに気づきます。北海道に来たことを実感する瞬間です」

関東平野を抜けて

「東京に近いこの辺りの車窓は、期待していない人が多いのですが、実際に乗ってみると、のんびりした田園風景が広がり、なかなかいいところだと気づきます」

「個室も快適ですが、車窓を楽しむなら、ラウンジなどの共用スペースを利用しましょう。各個室は東側を向いていますが、西側にもすてきな眺望がたくさんあります。関東平野に沈む夕日や、左手に広がる小沼の風景は、部屋からでは眺めることができません」

札幌が近づいた頃になって、急に空が晴れてきた。ラウンジカーで、名残を惜しむように車窓を見つめる種村さん。

朝食は6時半から。予約せずに利用できるが、すぐ満席になるので、早めに行って席を確保しよう。北の大地を眺めながら食べる朝食は、格別だ。

朝食は和定食と洋定食があるが、和定食は人気で売り切れてしまうことが多い。朝は普段からパンとコーヒーという種村さんは、洋定食を選択。

札幌駅に到着。ホームに降り、北海道の空気を吸い込む。

車掌から記念のオレンジカードを購入。カシオペア乗車証明書が付いている。

18時間の旅の疲れはみじんも感じさせない種村さん。出発前より、むしろお元気になったようだ。

津軽海峡のトンネルを抜けると車窓を流れる風景が変わった

目覚めると、既に明るい。車窓を流れる民家の屋根には煙突があり、家々の庭には石油タンク。ここは北海道だ。

「家が、本州と違うでしょう。青函トンネルが開通して、北斗星で初めてこの車窓を見たときは、感激しました」

寝室から出てきた種村さんが語った。

カシオペアの朝は早い。6時から、モーニングコーヒーと朝刊のルームサービスが始まり、6時半にはダイニングが営業開始。2時間もすれば、札幌に到着だ。

顔を洗って下車に備える。

「25年も前に、ドイツで初めてシャワーが付いた1等寝台車に乗ったときは驚き、うらやましく思ったものです。日本に、これだけの車両ができるとは、当時は想像できませんでした」

列車は、北海道らしい原野を走り抜け、8時54分、札幌駅に到着。ホームに吹く北海道の風が心地よい。

「やはり、カシオペアはすばらしい列車ですね。こんな汽車旅を楽しめるとは、いい時代になりました。このレベルの寝台列車が東京―九州間にも1本ほしいですね」

そう締めくくる種村さんの表情は、もっと乗っていたそうだった。

種村直樹さんの カシオペアのりこなし ワンポイントガイド 3

「カシオペアにはシャワー設備があり、車内でひと浴びできる貴重な列車です。カシオペアツインを利用する方は、食堂車でチケットを購入するのですが、夜の利用は23時までなので、発車後すぐに予約すると良いでしょう。朝も6時から利用でき、穴場です」

カシオペア（12両）編成図&個室案内

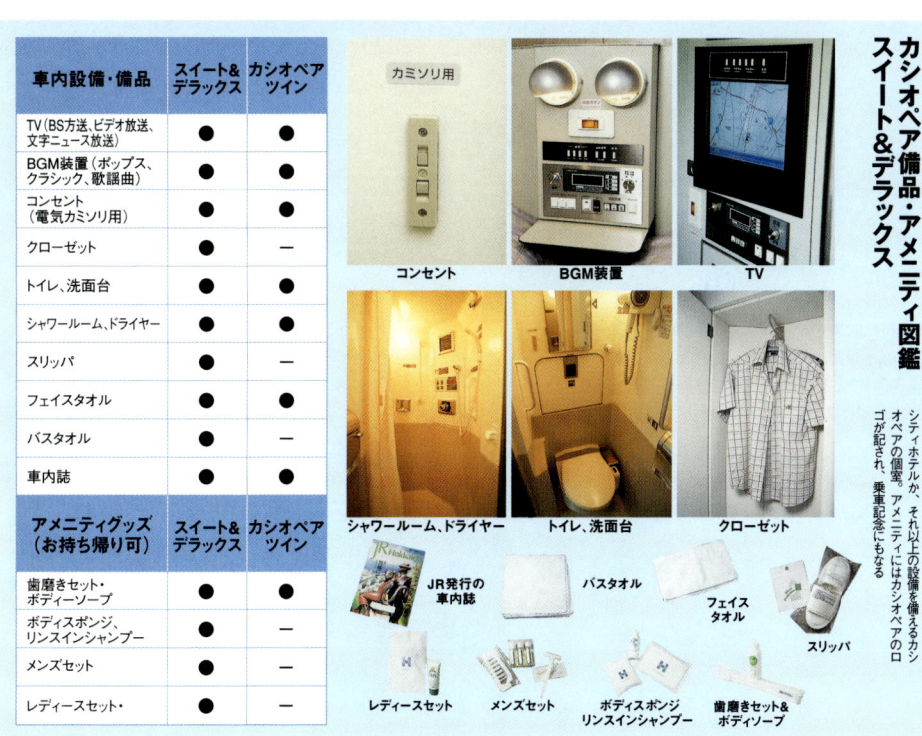

12両の車両のうち、1・2号車は「カシオペアスイート」、「カシオペアデラックス」専用車。「カシオペアスイート」は、1号車1室のみの展望室タイプと、二階建てメゾネットタイプがある。「カシオペアデラックス」は一階建てのセミスイート。これらの部屋には、室内にシャワーがある。スタンダードな「カシオペアツイン」は4～11号車。4号車の1号室は「カシオペアコンパートメント」と呼ばれ、車椅子でも利用できる。3号車はダイニングカー、一番の12号車は、共用スペースのラウンジカーだ。

カシオペア チケット購入ガイド

チケットは、1カ月前（前月の同じ日）の午前10時発売だが、発売と同時に売り切れることが多い。個人で予約する場合、たとえ満室だったとしても、諦めてはいけない。当日までは、必ずキャンセルが出るので、駅に行くたびに根気よく窓口で空席を見てもらうのがコツ。札幌発は、上野発よりも若干取りやすい。

●乗車券1万6080円（上野～札幌）／特急券：2890円／個室寝台料金：カシオペアツイン2万6700円、カシオペアデラックス3万4360円、カシオペアスイート5万980円

列車編成（12両編成）

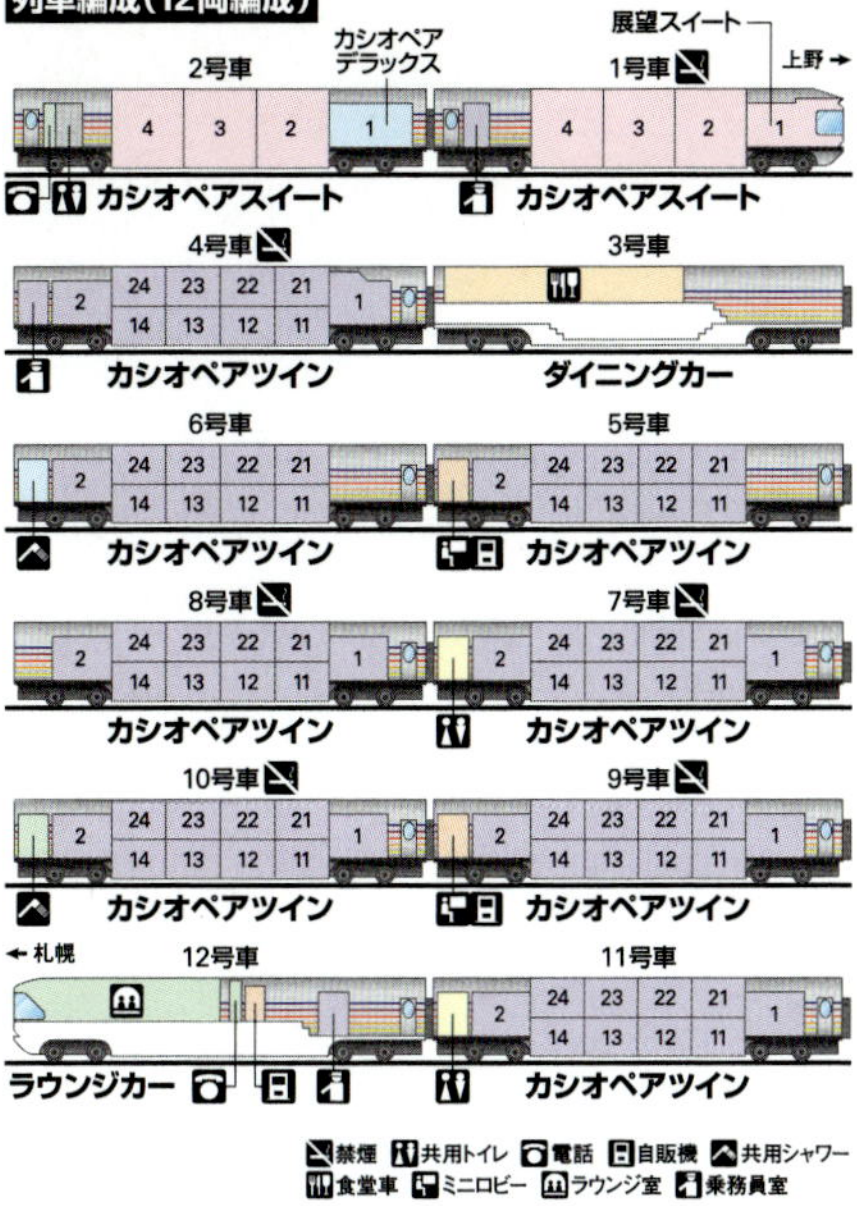

カシオペア備品・アメニティ図鑑 スイート&デラックス

シティホテルか、それ以上の設備を備えるカシオペアの個室。アメニティにはカシオペアのロゴが記され、乗車記念にもなる

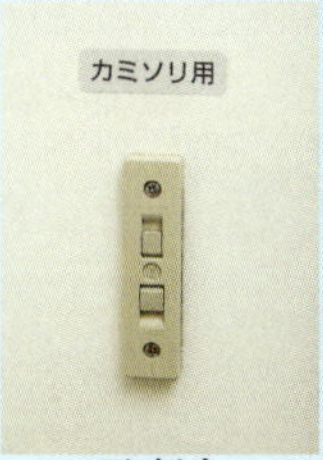

コンセント

BGM装置

TV

シャワールーム、ドライヤー

トイレ、洗面台

クローゼット

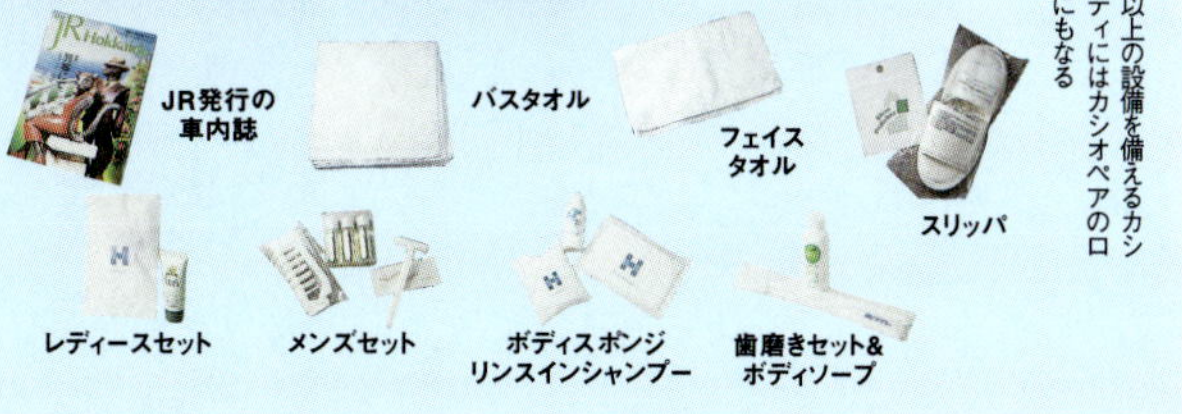

JR発行の車内誌
バスタオル
フェイスタオル
スリッパ

メンズセット

車内設備・備品	スイート&デラックス	カシオペアツイン
TV（BS方送、ビデオ放送、文字ニュース放送）	●	●
BGM装置（ポップス、クラシック、歌謡曲）	●	●
コンセント（電気カミソリ用）	●	●
クローゼット	●	―
トイレ、洗面台	●	●
シャワールーム、ドライヤー	●	●
スリッパ	●	―
フェイスタオル	●	●
バスタオル	●	―
車内誌	●	●
アメニティグッズ（お持ち帰り可）	**スイート&デラックス**	**カシオペアツイン**
歯磨きセット・ボディーソープ	●	●
ボディスポンジ、リンスインシャンプー	●	―
メンズセット	●	―
レディースセット・	●	―

 イラスト／ZOUKOUBOU

「走るホテル」で
ゆったり、
個室列車の旅

北斗星

青函トンネルの開業と同時に誕生、本州～北海道へ日本最初の豪華寝台列車

Hokutosei

豪華なディナーをとって、のんびりとパブタイムを過ごし、
シャワーを浴びて就寝。ときおり聞こえる遮断機の警報音。
ゴトゴトとリズミカルな線路の継ぎ目を渡る音。
札幌～上野間を結ぶ寝台列車「北斗星」の旅の一夜は、
仕事に追われていたときには想像もできなかった
贅沢なひとときを与えてくれる。
目覚めると列車は朝日に輝く仙台平野をひた走る。
朝食を済ませ、部屋に戻って荷物の整理をするうちに
やがて列車は終点の上野駅に入線し、16時間の旅は終わる。

北斗星　札幌―上野

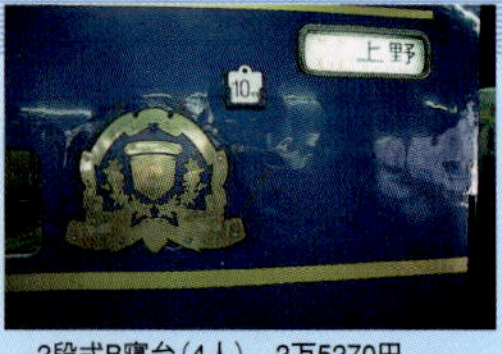

運転日　毎日2往復

運転時刻
北斗星2号　札幌17:12発～上野9:41着（16時間29分）
北斗星4号　札幌19:27発～上野11:19着（15時間52分）
北斗星1号　上野16:50発～札幌9:18着（16時間28分）
北斗星3号　上野19:03発～札幌11:15着（16時間12分）

運転＋料金
ロイヤルデラックス（1人）　3万6150円
ツインデラックス（2人）　3万2320円
ソロ（1人）　2万5270円　　デュエット（2人）　2万5270円　　2段式B寝台（4人）　2万5270円

※上記料金は1人あたりの金額。ロイヤルに補助ベッドを使い2名で使用すると運賃・特急料金のほかに9540円の寝台料金加算。ツインデラックス、デュエットを1人で使用する場合は2人分の特急料金と寝台料金が必要になります。

食事
ディナーは乗車日の最低3日前（21時終了）までに予約が必要。予約しなかった場合は21時から軽食可能。
フランス料理コース　7800円（税込み）　　懐石御膳　5500円（税込み）
パブタイム軽食　1000円～2500円（税込み）　　朝食（予約不要）　和・洋とも1600円（税込み）

17:12 発

右）札幌駅の５番線ホーム、17時過ぎにやっと表示が出る
左）発車５分後に豊平川を渡ると札幌市内ともお別れ。

車窓右手に見えていた夕日が沈む頃、海側の車窓に北海道ならではの日没。

17：05ごろディーゼル機関車・「DD51」重連に牽引されて入線。

左）苫小牧駅を過ぎた18時17分ごろから車窓左手に太平洋が見えてくる。右）夕日を見ようとサロンカーに人が集まる。

１人用のロイヤル、ソロの専用キー。ツインなどは暗証番号キー。

ロイヤルデラックスの専用シャワールーム。一般用は7号車にある。

「北斗星」2号A寝台1人用個室ロイヤルの室内。部屋の広さは、200×195㎝

札幌発の北斗星は17時12分発（北斗星2号）と19時27分発（北斗星4号）の2本ある。目的に応じてどちらに乗るか自由に選べる。

鉄道写真家で『日本縦断個室寝台特急の旅』の著者・櫻井寛さんによると、

「もし、北海道の旅を満喫したいなら私は北斗星2号をおすすめします。どうしてかというと、4号だと日の長い夏でもさすがに出発するときには暗くなりかけています。ところが、2号だとまだ明るいので、たっぷりと心ゆくまで北の大地を堪能できるからです」

天気がよければ壮大な日没風景も見られるという。

札幌駅を出発してすぐ、豊平川の鉄橋を渡る。札幌市内とのお別れだ。17時50分ごろには新千歳空港が車窓右手に見えてくる。このあたりから北海道ならではのダイナミックな車窓風景が見られるようになる。

「このあたりは勇払原野と呼ばれ、手つかずの大自然がパノラマのように展開します」（前出・櫻井さん）

車窓に見とれているうちに車内放送が流れてくる。7号車にある食堂車「グランシャリオ」では、第一回目のディナーが始まる。ちなみに第二回目は19時40分ごろ。いずれも乗車3日前までに予約しておかないといけない。

「北斗星のディナーのいいところは、列車のグレードはカシオペアのほうが上ですが、料理の中味はどちらも同じだということです」（前出・櫻井さん）

鉄道写真家・櫻井 寛 さくらい かん　1954年長野県生まれ。1994年「鉄道世界夢紀行」にて第19回交通図書賞を受賞。取材した海外の鉄道は70ヵ国、鉄道乗車総距離は16万kmを突破。「日本列島鉄道の旅」など鉄道関連著書多数。

21:45

夕日を眺めながらのディナー。朝食をとりながら朝日を眺める「走るホテル」を快適に過ごす

「グランシャリオ」は、ディナーの後パブタイムになる。赤いランプシェードが雰囲気をかもし出す。

Hokutosei

「走るホテル」でゆったり、個室列車の旅

北斗星

ディナータイムが始まったころから車窓風景は見ごろになる。食堂車の隣りにあるサロンカーで見るか、食事の予約をしていたら「グランシャリオ」から見るのもいいと櫻井寛さん。

「北海道らしさといったらここでしょう。苫小牧駅を出発して、およそ15分ばかり走ったあたりの車窓左手に、広大な緑のカーペット上を気持ちよさそうに駆けるサラブレッドたちの姿が見えてくるはずです」

そこが競走馬で有名な「社台ファーム」だ。過去、何頭ものGI優勝馬を産出している。牧場を過ぎると列車はしばらく海沿いを走る。

目を右車窓に移すと、台形の山並みの上にさらに台形の山を一段載せたような山並みが見えてくる。これが三重式火山の樽前山だ。日没は近い。北の大地に沈む夕日は、広大な北海道ならでは。列車右手の山に見えていたと思ったら、いつの間にか左手の海に移動。そんな車窓風景を堪能するなら、この時間帯だと櫻井さんもおすすめ。

北斗星に乗らなければいただけないオリジナルラベルのハウスワイン。赤・白　各1500円

先付、台の物、煮物、留肴、造里、御飯、デザートと季節の素材を生かした懐石御膳（5500円）

フランス三ツ星レストランで修業したシェフが厳選した食材を生かしてつくったフランス料理（7800円）

夏の晴れ渡った空の下、東北の水田地帯を快走する「北斗星」

夏には車窓左手、日本三景のひとつ・松島のあたりで朝日が昇ってくる

懐石料理の技を生かし、季節の野菜を使った和朝食。みそ汁付き（1600円）

スクランブルエッグとソーセージをメインにした洋朝食。ジュースはチョイス（1600円）

4人用テーブル3、2人用テーブル5。走るレストランの、こぢんまりした「グランシャリオ」

右）朝食をすませてしばらくすると、列車はしだいに都心に近づく。利根川鉄橋を渡ると、やがて東京　左）上野駅13番ホームに到着。右隣の14番線には少し早く着いたカシオペアが停車中。束の間のランデブー。

「北斗星」と「カシオペアオ」との差はグレードだと前に書いたが、どう違うのか櫻井寛さんに聞いてみた。

「簡単にいうと、カシオペアはA寝台なので二人使用が原則です。でも、北斗星はロイヤルデラックス（一名）、ツインデラックス（二名）、ソロ（一名）、デュエット（二名）、それに四人用の二段式B寝台と、人数や予算に応じて選ぶことができるのがいいですね。ただし、ディナーとかパブタイムのときの料理は『カシオペア』と同じですから、念のため…」

櫻井さんの場合、予約せずに乗ったのでディナーは摂らず、パブタイムにハンバーグ定食を注文して食べたのだが、そのほうがよかった、と櫻井さん。

その理由は、もっとも北海道らしい車窓風景を堪能するなら明るい時間しかないからだ。夏の北海道は日が長い。19時30分ぐらいまで明るいからだ。たっぷりと車窓風景を眺めたあとに、シャワーを浴びてさっぱりとした気分でパブタイムを楽しむ。

そうこうするうちに列車は青函トンネルに突入する。一段と音が大きくなる。目の前を流れるトンネル灯の筋。最深部には緑と紫のランプが点灯しているという。この光を見たら就寝。目覚めたころには仙台平野。朝日が昇ってくるのを見ながら朝食をすませ、ひと休みしたら、列車は静かに終着駅の上野にすべりこむ。

北斗星の停車駅・発着時刻

上り　北斗星2号

札幌		発17:12
南千歳	着17:45	発17:46
苫小牧	着18:05	発18:06
登別	着18:40	発18:41
東室蘭	着18:57	発18:59
伊達紋別	着19:20	発19:20
洞爺	着19:32	発19:33
長万部	着20:03	発20:04
八雲	着20:27	発20:28
森	着20:53	発20:54
函館	着21:41	発21:48
仙台	着04:54	発04:56
福島	着06:00	発06:02
郡山	着06:38	発06:39
宇都宮	着08:10	発08:11
大宮	着09:13	発09:14
上野	着09:41	

撮影・文／藤原嗣治　写真／レイルマンフォトオフィス、佐々倉実　参考資料：櫻井 寛「日本縦断個室寝台特急の旅」（世界文化社）

朝日を浴びて走る最新型の個室列車は東京から出雲へ、瀬戸大橋を渡って高松へ

「走るホテル」でゆったり、個室列車の旅

サンライズ

出雲・瀬戸 *Sunrise*

ひと仕事を終えて軽くいっぱい。ほろ酔いかげんで東京を出発。
世界にひとつの二階建個室寝台電車のリズミカルな揺れで熟睡。
目覚めるころには播州平野をひた走る。岡山駅から前7両は高梁川沿いに
中国山地を横断。後ろ7両は瀬戸大橋を渡って四国へ。
ロケーションのかわったふたつのコースから選べる個室寝台の旅。

サンライズ　東京―出雲

運転日　毎日

運転時刻

サンライズ出雲	東京発22:00～出雲着10:05（12時間5分）
サンライズ瀬戸	東京発22:00～高松着07:26（9時間26分）
サンライズ出雲	出雲発19:06～東京着07:08（12時間2分）
サンライズ瀬戸	高松発21:26～東京着07:08（9時間42分）

運転＋料金

	寝台料金	特急料金	出雲運賃	高松運賃
シングルデラックス	1万3350円	3150円	1万1660円	1万1010円
サンライズツイン	7350円	3150円	1万1660円	1万1010円
シングルツイン	9170円	3150円	1万1660円	1万1010円
シングル	7350円	3150円	1万1660円	1万1010円
ソロ	6300円	3150円	1万1660円	1万1010円
ノビノビ座席	0円	3660円	1万1660円	1万1010円

※ツインを1人で使用する場合は2人分の寝台・特急料金が必要。
※シングルツインを2人で使用する場合の寝台料金に5250円加算。

洗面台、テーブルもついたシングルデラックスは、やはり4号車と11号車に各6室ある。

4号車と11号車に各4室しかないサンライズデラックス。スイッチ類は正面パネルにある。

サンライズの内装を担当したミサワホーム

住宅メーカーが手がけ、車両設計にパネル工法を採用したサンライズは、居室を思わせるインテリアデザイン、M—Woodという木質系住宅建材を使用することで、ぬくもりとやすらぎのある車内空間が造りだされている。

開発建材事業部の荷《はす》見《み》このみさんは、「エムウッドという素材は当社が独自に開発した、木粉と樹脂から成る複合素材です。人の心になじむ風合いがありますし、加工やメンテナンスも容易なので、窓枠までも木質にできます。住宅のノウハウをそのままというのではなくて、狭い空間に合わせ木の色調を替え、ファブリックをシンプルなアースカラーでまとめ、照明は温かみのある電球色など、工夫を凝らした内装にしてあります」

広いデスク、洗面台、椅子、内装など、全てに木の温もりが伝わる木質系複合素材を使用

22:00 発

（右上）サラリーマンの姿が見える東京駅を夜10時に発車。（左上）シャワー室も完備。（左下）ソロ2階室への階段。（右下）かんたんな仕切りのついたノビノビ座席。

個室寝台特急「サンライズ」には、出雲号と瀬戸号とがある。東京駅を連結して出発し、山陽本線岡山駅で切り離される。1号車から7号車までが出雲号で伯備線にはいって島根県の出雲市まで、8号車から14号車までは瀬戸号で瀬戸大橋を渡って香川県の高松市まで行く。

鉄道写真家の櫻井寛さんに「サンライズ」の特徴をうかがった。

「なんといってもすごいのは、いまはない『月光』（新大阪〜博多間）についで世界で二番目の寝台〝電車〟だっていうことです」

寝台列車と寝台電車の違いは、牽引車両に引かれるか引かれないかだそうだ。「サンライズ」の場合は電車なので各車両がそれぞれに自走できる。この話を聞いて気づいた。「北斗星」では、みんなサロンで携帯電話の充電をしていた。あれはじつは個室にコンセントがなかったからなのだ。「サンライズ」の個室にはすべてコンセントがある。携帯電話の充電はもちろんだが、パソコンを使うこともできる。

「そうなんです。『サンライズ』はビジネス仕様になっているので、たとえばシングルデラックスなどは、広い机もあってそのままオフィスみたいですよ」（前出・櫻井さん）

さしずめ「サンライズ」は、走るワンルームマンションといった感じだ。

「お気づきになったかどうか、じつは『サンライズ』は、もっとすごい特徴

サンライズは夜行列車を さわやかな朝のイメージに変えた

朝靄のなかを行くサンライズの車体を朝日が照らして浮き上がらせる。

食堂車がなく車内販売も岡山駅から伯備線新見駅までしかないので朝食用駅弁は必携品。

播州平野にさしかかるころ朝日が昇ってる。このあたりから車窓風景を楽しむ旅がはじまる。

京都駅を過ぎたあたりから、しだいに東の空が白みはじめ、街の灯りが消えはじめる。

があるんです」と言って櫻井さんは教えてくれた。「オール二階建の寝台列車といえば『カシオペア』がそうですが、オール二階建寝台電車となると、世界広しといえども、この『サンライズ』だけ。つまり、世界にひとつしかない個室寝台電車というわけです」

欠点もある。それは食堂車がないこと。車内販売もない。ただし、岡山駅から伯備線にはいる「サンライズ出雲」だけは、岡山～新見間で車内販売が行われる。もし、朝食をとりたい人はここで駅弁を買っておかないと、午前10時ごろまで空腹に耐えることになる。もっとも、東京駅で買いこんでおけばそんな心配はなくなる。櫻井さんもそうすすめる。

先に「サンライズ」はビジネス仕様になっているといったが、なぜかというとシングルが多いこと。ツインは12室しかない。出雲号と瀬戸号をあわせても24室。もっともそのうちの16室はシングルツインという珍しい名称の部屋。櫻井さんの説明では、

「基本的にはシングルだが、補助ベッドがあるので2名で使うことができるというだけです。それよりもユニークなのが、ノビノビ座席ですよ」

と言う。座席ではなく、カーペット敷きの大広間が電車のなかにあると思えばいい。

基本的に寝台ではないので寝台料金がかからない。運賃と特急料金だけなので安い。学生が帰省するときなどは

絶景の瀬戸大橋を渡る寝台列車の車窓

岡山駅で出雲号と瀬戸号が切り離される。停車時間6分。駅弁などの買い物をするならこの駅しかない。

Sunrise

「走るホテル」でゆったり、個室列車の旅

サンライズ

岡山駅で切離された瀬戸号は、線路の上部が道路になっている併用橋としては世界最長の瀬戸大橋を渡る。高架橋総延長は13.1キロ。橋梁の間から多島美を誇る瀬戸内海が一望できる。

出雲号（4号車）、瀬戸号（10号車）の唯一のパブリックスペースのミニサロン。椅子は8脚。

瀬戸大橋を渡った瀬戸号は一路、讃岐平野を終点めざしてひた走る。

サンライズの停車駅・発着時刻

下り

東京		発22:00
横浜	着22:23	発22:24
熱海	着23:21	発23:23
沼津	着23:39	発23:40
富士	着23:53	発23:54
静岡	着00:19	発00:20
浜松	着01:11	発01:13
姫路	着05:24	発05:26
岡山	着06:27	発06:33
倉敷	着06:46	発06:46
新見	着07:42	発07:44
米子	着09:09	発09:11
安来	着09:18	発09:19
松江	着09:35	発09:35
宍道	着09:49	発09:50
出雲市	着10:04	
岡山		発06:31
児島	着06:52	発06:53
坂出	着07:08	発07:09
高松	着07:26	

※8月11～14日は高松～松山間延長運転。

とても便利なのではないだろうか。「ノビノビ座席」は各3室。定員は14名。

ところで車窓風景はというと、櫻井さんによると、やはり「トワイライト・エクスプレス」や「カシオペア」「北斗星」にはかなわないそうだ。海の見えるあたりを通るときは、ほとんど夜。

「もっとも、『サンライズ瀬戸』の場合には瀬戸大橋を渡りますので、これは価値があるでしょうね。一方の『サンライズ出雲』ですが、こちらは、しいていえば渓谷美でしょうか。中国地方を横断するわけですから、最初は高梁川を遡行、県境を越えると日野川を下ります。したがって秋の紅葉のころはきれいでしょうねえ。日野川の下流にさしかかるころ車窓右手を見ますと伯耆富士と呼ばれている美しい大山、終点には縁結びの神・出雲大社があります」（前出・櫻井さん）

海か川か、あなたなら、どちらを選びますか？

文／宮原俊　撮影／レイルマンフォトオフィス　参考資料:櫻井寛「日本縦断個室寝台特急の旅」（世界文化社）

A寝台、B寝台から、カーペットカーまで完全解剖

現役寝台列車の寝台ルーム

徹底比較図鑑

「走るホテル」と称される寝台車内には、さまざまなタイプがある。目的地まで眠っている間に運んでくれる「演出の空間」を徹底比較・検証してみよう。

A寝台 シングルデラックス

（写真左）テーブルを上げると洗面台に早変わり。（写真右）ビデオ再生機能をもったAVモニターにオーディオ。

個室内設備のさまざまなスイッチパネル。

表示記号 A1

主な装備 ※AVモニター（オーディオ）
※シャワー　洗面台
※折りたたみテーブル　読書灯　鏡

搭載車両 あかつき　日本海1・4号
あけぼの　北陸　富士

A寝台1人用個室。料金は1万3550円。基本的に4タイプに分けられる。「富士」「はやぶさ」の国鉄時代からの旧タイプは1両14室に対し、JR東日本やJR西日本の新タイプは1両10〜11室と広い。また285系電車の〔サンライズ〕タイプは2階建車両の2階部分6室がシングルデラックスになっており、天井がやや低いものの眺望は抜群。

※のマークがついた設備には、列車によっては装備されておりません。

現役寝台列車の車内設備一覧

CS…カシオペアスイート　CDX…カシオペアデラックス　CT…カシオペアツイン
TDX…ツインデラックス　S…スイート　R…ロイヤル　SDX…シングルデラックス
D…デュエット　SRT…サンライズツイン　T…ツイン　SO…ソロ　SIT…シングルツイン
SI…シングル　NC…のびのびカーペット　NZ…ノビノビ座席　GS…ゴロンとシート

列車名	二人用A個室	一人用A個室	A寝台	二人用B個室	一人用B個室	B寝台	簡易寝台	グリーン車	普通車	食堂車	シャワー
カシオペア	CS・CDX・CT									○	○
トワイライトエクスプレス	S	R		T	SIT	○				○	○
北斗星	TDX	R		D	SO	○				○	○
サンライズ出雲		SDX		SRT	ST・SI・SO	○	NZ				○
サンライズ瀬戸		SDX		SRT	ST・SI・SO	○	NZ				○
あけぼの		SDX			SO	○	GS				
日本海1・4号		SDX				○					○※
日本海2・3号			○			○					
はやぶさ		SDX			SO	○					
富士		SDX			SO	○					
銀河			○			○					
北陸		SDX			SO	○					○
なは				D	SO	○			指定		
あかつき		SDX		T	SIT・SO	○					○※
きたぐに			○			三段		○	自由		
まりも						○			指定・自由		
はまなす						○	NC		指定・自由		

※A寝台個室車両のみ

利用客の変化に伴い バラエティに富んだ個室

寝台車は座席車のグリーン車に相当するA寝台と、同じく普通車に相当するB寝台の2種がある。それぞれ個室と開放型があり、さらにグレードにより幾つかの種類に分かれる。

JR発足前後にさまざまな新型個室寝台車両が登場。大半が既存車の改造によるものだが、バラエティに富んだサービスも増えた。鉄道旅行作家の松本典久氏は、この寝台の多様化についてこう語る。

「寝台車の需要が減る傾向にあったので、寝台車の魅力を演出したかったのでしょう。それにプライバシーが尊重される時代になって個室の需要が増えたことも原因でしょうね。寝台車はやはり個室から売れてゆきますから」

反面、往年の最盛期を知る中高年層の寝台車ファンは、国鉄時代からの2段ベッド式A・B寝台車を懐かしむ声も多い。むしろ3人以上のグループ旅行ならB寝台のほうが、ボックスで空間を保てるのも確かだ。

B寝台 デュエット

表示記号 B2
主な装備 オーディオ　折りたたみテーブル　読書灯　荷物置き場　鏡
搭載車両 なは

B寝台2人用個室で、一般のB寝台と同料金1室（2人）1万2600円で利用できる。部屋は上下2段になっており、天井が低く圧迫感は否めないが、テンキーロック式のカギがついているのでドアを閉めてしまえば、プライベートを保つことができる。座れば向かいあって話せるので、カップルや夫婦にはおすすめだ。

（写真上）テーブル上の操作パネルは、温度調整やアラームなどの設備が整う。（写真下）入口上にある大きめの荷物置き場。

A寝台

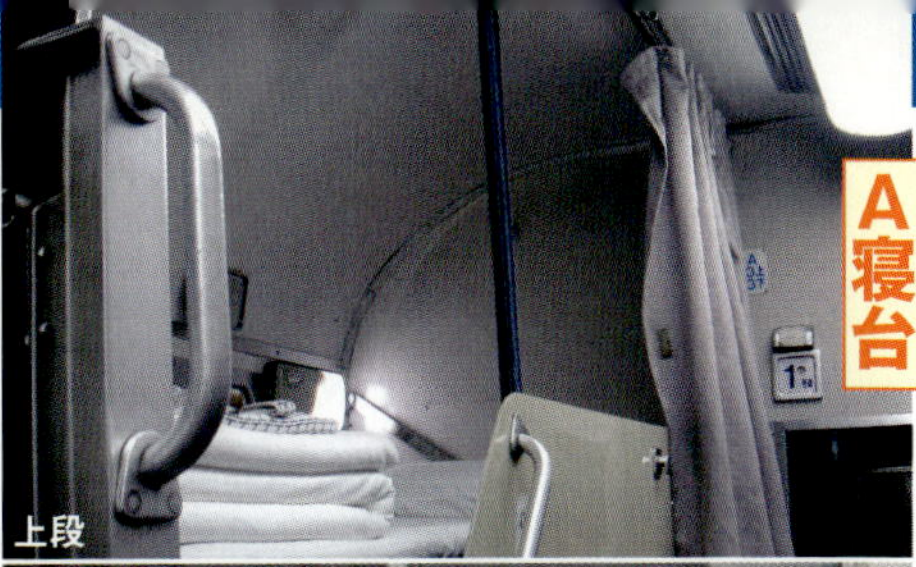

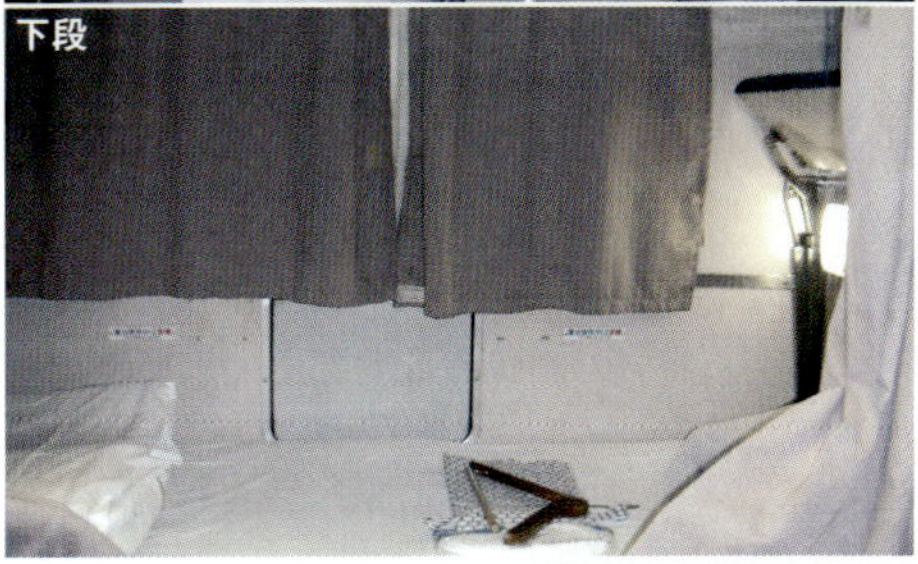

表示記号 A
主な装備 読書灯
搭載車両 銀河　日本海2・3号

2段ベッド式で、カーテンで仕切られる。料金は下段1万500円、上段9540円。下段のほうが幅・長さ・高さに若干の余裕がある。正直、新しい個室B寝台と比較しても割高感は否めないが、旧国鉄時代からの寝台という点では希少価値がある。昔ながらの汽車旅の雰囲気をちょっとリッチな気分で味わってみてはいかがだろうか。

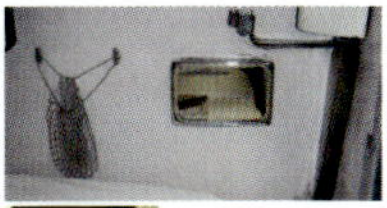

（写真上）壁際に設けられたアメニティ入れ。（写真左）A寝台の扉、扉を開けると通路の両側に寝台が並ぶ。

B寝台 ツイン

（写真右）個室1・2番は壁を折りたためば4人用で利用できる。（写真左）2段ベッドになっており、窓が上下についている。

テンキー式ロックの扉は4ケタの暗証番号で開けた。現在はカード式。

上段のベッドは持ち上げることができ、天井の空間が広がる。

表示記号 B2
主な装備 オーディオ　読書灯　荷物置き場
搭載車両 あかつき

B寝台2人用個室。料金1室（2人）1万6320円。車両の端に通路があるタイプだが、2階構造になっていないので天井は高い。2段ベッド構造だが、昼間は上のベッドを持ち上げて部屋を広く使える。「サンライズ」タイプは「サンライズツイン」（料金1室（2人）1万4700円）と呼ばれ、2階建車両の1階部分にあり、ベッドがレール方向に2つ並ぶ。

B寝台 シングルツイン

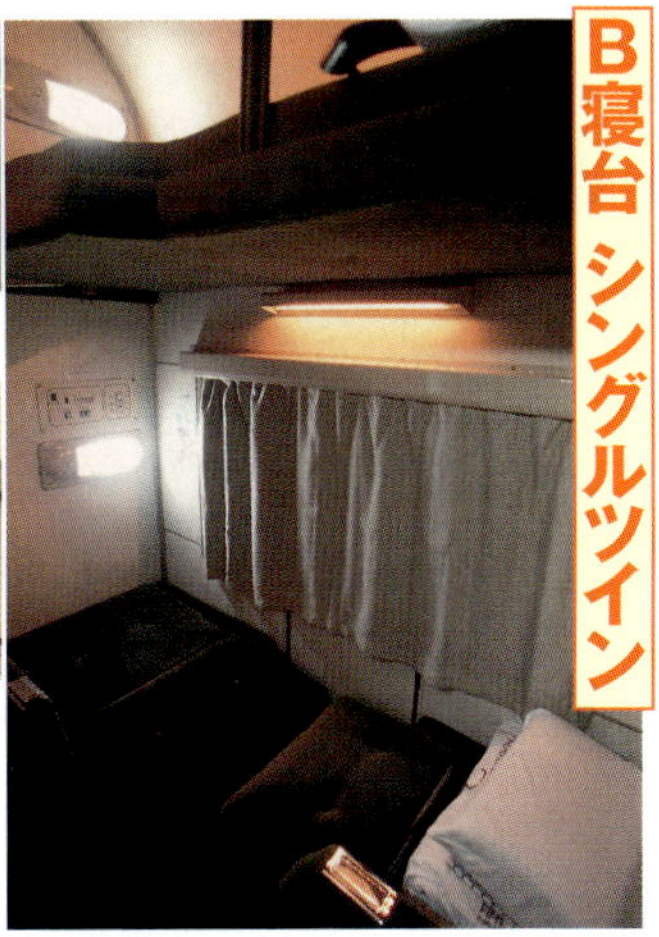

表示記号 B1
主な装備 オーディオ　読書灯　荷物置き場
搭載車両 あかつき

B寝台1人用個室だが、ソロのように2階構造になっていないため快適。料金9170円。通路が車両中央にあり、両側に部屋が並ぶタイプのため個室幅はあまりないが、補助寝台料金5250円を払えば2人でも利用できおトク。「トワイライトエクスプレス」「あかつき」はリビング部分を伸ばして使うが、「サンライズ」は2段式ベッド。

B寝台

（写真上）窓側につけられた階段。左右を引くとハシゴ状になり、2階へ上る。（写真下）B寝台以上につくアメニティグッズ。

表示記号 B

主な装備 特になし

搭載車両 日本海　あけぼの　銀河　はまなす　富士　なは　あかつき　北陸　まりも

ほぼすべての寝台列車に配備されている。2段ベッドが枕木方向に向かい合わせで並ぶ4人ボックス式。料金は上下段とも6300円。幅・長さは上下同じだが、下段のほうが高さに余裕がある。4人グループには使いやすい構造になっており、「トワイライトエクスプレス」「北斗星1・2号」には「Bコンパート」と呼ばれる簡易個室のタイプがある。

B寝台 ソロ

（写真上）折りたたみテーブルの出し入れはコツが必要なので説明書を読もう。（写真下）室内環境を調整するパネル。BGM装置も。

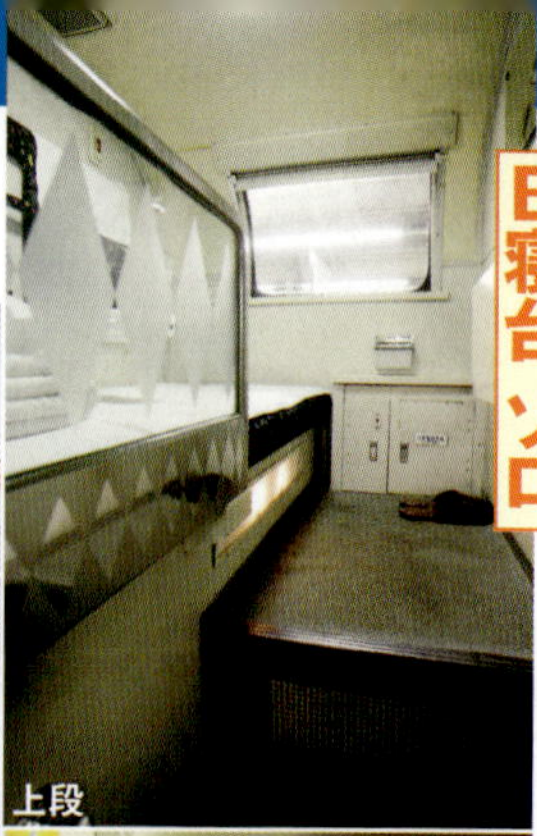

表示記号 B1

主な装備 オーディオ　鏡　折りたたみテーブル　※荷物置き場　※読書灯

搭載車両 あけぼの　北陸　あかつき　なは　富士

B寝台1人用個室。料金は6300円。各部屋は、互い違いに組み合わせられたような2階構造になっているが、それぞれカギがついているので、プライバシーとセキュリティは大丈夫。車両の片側に通路があり、ベッドが進行方向と直角の枕木方向にある旧式と、車両中央に通路があり、ベッドがレール方向にある新式の二つのタイプがある。

三段寝台

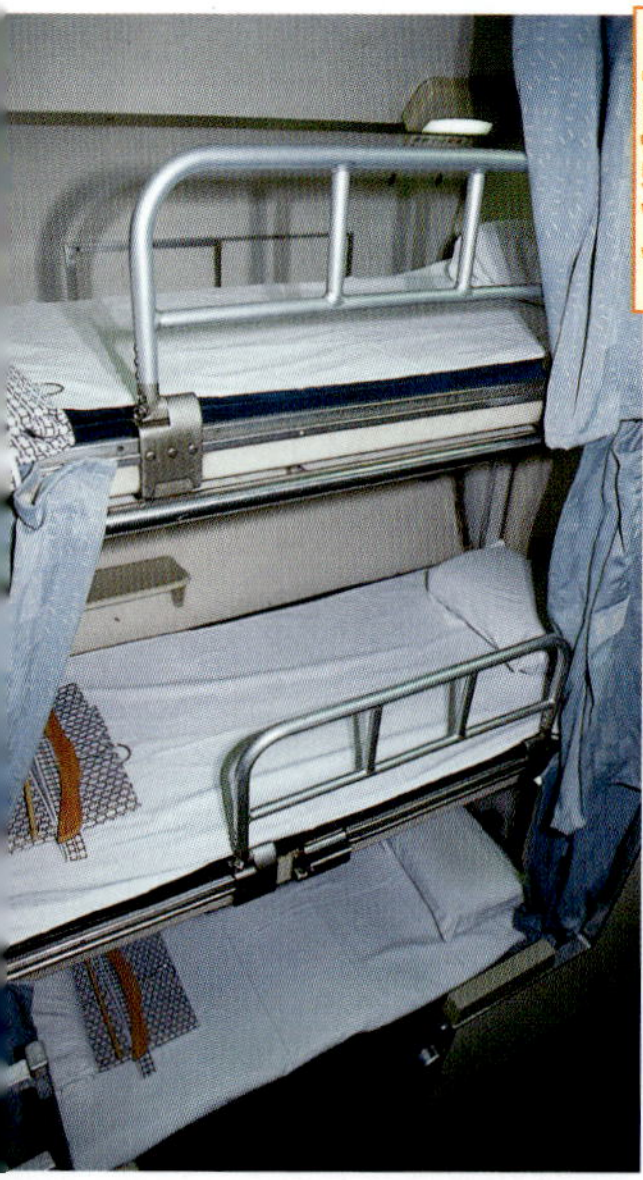

寝台を組み立てない時はボックス式の座席になる。寝台は天井の覆いの中へ。

表示記号 B

主な装備 読書灯

搭載車両 きたぐに

583系電車の「きたぐに」にのみ唯一残る三段式B寝台は、上中段が5250円、下段が6300円。下段は幅に余裕がある。各段のベッドにはスライド式の小窓や本を読むための照明を設置。さすがに三段となると、時代遅れの窮屈感は否めないが、元々は昼夜兼用に造られた車両なので、その懐かしさと構造には一見の価値がある。

カーペットカー

車体中央にも「のびのびカーペット」のエンブレムがついている。

2階席は階段に向かい合うように設置。ちょっとした個室気分を。

表示記号 指

主な装備 電気カーペット　読書灯

搭載車両 はまなす

指定席料金だけで寝転べる。頭の部分はカーテンで仕切られているので個室感もあり、電気カーペットは各自で温度調整できる。1階席は枕木方向にあり、2階席は窓際のレール方向に設定。女性専用車両もある。「サンライズ」のノビノビ座席や、「あけぼの」のB寝台を使用したゴロンとシートも同じく特急指定席料金だけで利用できる。

寝台列車の全車両編成図

いまや希少価値となった寝台列車。移りゆく時の流れを感じながら贅沢な旅を楽しみたい。

日本海1・4号

大阪 ━ 青森

	1	2	3	4	5	6	7	8	9	10	11	12
荷	A1	B	B	B	B	B	B	B	B	B	B	B

24系25型。列車名の通り、北陸・信越・羽越・奥羽を経由して日本海沿岸を走る列車。荷物車も連結されており編成は12両と長い。運行時間が長いので飲食物は乗車前に確保を。上下とも大阪〜福井間で車内販売あり。

※日本海2・3号は荷物車が12号車の前につきます。日本海2・3号は12号車がA寝台、1号車がB寝台になります。日本海1・4号は9〜12号車、2・3号は7〜10号車を連結しない日があります。

あけぼの

上野 ━ 秋田 ━ 青森

1	2	3	4	5	6	7	8	9	10	11	12	
ゴロンとシート	B	B	B	B1	B1	A1	ゴロンとシート	B	B	B	B	荷

24系25型。最初は東北・奥羽経由であったが、山形新幹線の影響で何度も経由が変わり、現在の上越・羽越線経由になった。上下とも秋田〜青森間で車内販売あり。

※9〜12号車は連結しない日もあります。

※ゴロンとシート
B寝台を特急指定席料金510円だけで利用できる嬉しい車両。枕と毛布やシーツはないが、カーテンもついており、B寝台と基本的に同じ。1号車はレディース（女性専用）。

銀河

大阪 ━ 東京

	1	2	3	4	5	6	7	8
電	B	B	B	B	B	B	B	B

24系25型。昭和25年（1950）に誕生した伝統ある夜行急行で、東京発が23時と遅くて便利なので、新幹線終列車後のビジネス客の利用が多い。安い高速バスの台頭におされているが、横になれる快適さは見逃せない。

※7・8号車は連結しない日もあります。

きたぐに

大阪 ━ 新潟

1	2	3	4	5	6	7	8	9	10
自	自	自	自	B	グ	A	B	B	B

昼夜兼用の583系電車で運転。急行というだけでも希少価値は高いが、同車両は昭和43年（1968）につくられた日本初の寝台電車。旧国鉄車両としてファンには人気がある。下り新潟〜新津間は快速の扱い。

北陸

上野 ━ 長岡 ━ 金沢

1	2	3	4	5	6	7	8
B	B1	A1	B1	B	B1	B	B

14系。寝台特急のなかでは走行距離・所要時間ともに最短。Ｂ寝台の２号車にはシャワー室が併設されており、乗務員からカードを購入して利用する。長岡〜金沢間はEF81牽引で進行方向が逆向きになる。

はまなす

青森 ━ 函館 ━ 札幌

1	2	3	4	5	6	7
B	B	自	指（のびのびカーペット）	指	指	自

14・24系。道内唯一の急行列車。函館〜札幌間は貴重なディーゼル機関車DD51が牽引する。寝台車のほか指定席のドリームカー・カーペットカーを連結し、一部は女性専用席。夜半の北海道連絡には便利。

富士

大分 ━ 門司 ━ 東京

1	2	3	4	5	6
B	A1	B1	B	B	B

14系15型。日本最古の愛称で、かつては日豊本線経由で西鹿児島（現・鹿児島中央）まで走り日本一のロングランナーを誇った。東京〜門司間は「はやぶさ」に併結し、下関と門司で機関車の交替がある。

なは

熊本 ━ 鳥栖 ━ 京都

	1	2	3	4
荷	B	B	B1	B2

24系25型。「彗星」の廃止で、「あかつき」併結運転となり、京都始発となる。運行距離は延びたが、同時に指定席料金で利用できたレガートシートも廃止され、荷物車を含む5両編成という短い編成になってしまった。

あかつき

長崎 ━ 鳥栖 ━ 京都

1	2	3	4	5	6
B	A1	B1・B2	B1	B	指

14系15型。京都〜鳥栖間は「なは」と併結。指定券510円で利用できるレガートシート設置。同シートはグリーン車改造の3列独立リクライニングシートで、毛布も配布される。

まりも

釧路 ━ 札幌

1	2	3	4	5
指	B	B	指	自

座席車は183系気動車にはさまれる形で14系客車のB寝台が2両連結されている。寝台車と指定席車には女性専用席が設けられており、女性でも安心して眠られる。

車両記号の読み方

- A1＝シングルデラックス
- A＝A寝台
- B1＝シングルツイン・ソロ
- B2＝デュエット・ツイン
- B＝B寝台（三段寝台含む）
- 指＝指定席
- 自＝自由席
- グ＝グリーン車
- 荷＝荷物車
- 電＝電源車

乗って残したい寝台列車 その将来性は如何に？

本年度に入ってからも「出雲」「利尻」「オホーツク9・10号」が廃止され、豪華列車や新型を除く寝台列車はもはや〝風前の灯〟の感は否めない。需要の低下に加え、車両の老朽化も問題になっているからだ。

「夜行バスや『ムーンライト』に比べて横になれるのはありがたいのですが、そのメリットが価格差として満足できるかは疑問ですね。食堂車も車内販売もほとんどない状態では、わびしさが募るだけですから」

と松本氏。反面、指定席料金だけで利用できる「サンライズ」「はまなす」のカーペット車両は高く評価する。最後に願望も込めて付け加えた。

「継続するのであれば、リニューアルでなく、『サンライズ』『カシオペア』のように新しい形で模索した寝台車を開発して欲しいですね」

取材・文／ブルボンクリエイション　撮影／結解学　高松大典　レイルマンフォトオフィス

「あさかぜ」から「はやぶさ」まで全25種の歴史をたどる
郷愁のブルートレインの系譜

夜の闇を疾走する、寝台特急「ブルートレイン」。「動くホテル」と評判となった伝説の20系から、14系、近年の豪華寝台に使われる24系25型まで、その代表作の歴史を追った。

取材・文／本吉恭子　結解 学　写真／結解 学

ブルートレインの元祖20系客車は、昭和33年に「あさかぜ」からスタートした。丸みを帯びた洗練されたスタイルは、当時あこがれの列車だった。

20系「あさかぜ」、これがブルートレインの始まりだった

3段寝台を2段化した24系25型は昭和50年に登場。「はやぶさ」、「富士」、「出雲」で運転を開始した。

20系の後継車として昭和47年に登場した14系は、床下に発電装置を持ち、それまでの電源車を廃止した。

夜のプラットホームにすべり込み、はるか遠くの地へと連れ去ってくれる寝台特急。夜の闇をイメージさせる青い車両のブルートレインは多くの人を虜にし、昭和50年代後半には一大ブームを巻き起こした。鉄道写真家の結解 学さんは、その魅力について語る。

「少年時代は乗りたくても乗れない、憧れの列車でした。お金を貯めてやっと乗ったのは、昭和40年代半ばでした」

ブルートレインのルーツは、昭和31年11月、東京～博多を一気に結んだ初代「あさかぜ」だ。当初は、寄せ集めの車両が使われていたにも関わらず、その便利さは、ビジネスマンの間で大人気を呼んだ。そしてついに、昭和33年10月、ブルートレインを「動くホテル」といわしめる由来となった20系客車が登場した。鉄道ジャーナリストの梅原淳さんは語る。

「寝台列車が珍しかった時代。〝あさかぜ〟は豪華で、学生にとって高嶺の花でした」

14系と24系の型の違いは?

24系は電源車を連結する必要がある集中電源方式を採用しているが、14系は一部の客車に発電装置を搭載するという分散方式を採用しているのが特徴。

14系と24系は外見上ほとんどスタイルが同じで見分けがつかない。ただ、編成で見れば端に電源車を連結しているのが24系で、形式を区別する唯一の手がかりとなっている。

「走るホテル」の客車の変遷をたどる

「あさかぜ」から始まるブルートレイン50年史

撮影／山口雅人

特急列車に愛称が付けられたのは昭和4年。その特急列車が「富士」。昭和47年に日豊本線日向沓掛駅で撮影。

ぴかぴかの新しい20系客車に変身した「あさかぜ」は、便利なだけではなく、当時としては設備が豪華だったことから、さらに人気に火がついた。まだ一般家庭でクーラーが珍しかった当時、三等客車でもクーラーが効く「あさかぜ」に乗ると、涼しすぎて「朝、かぜをひく」という語呂合わせの冗談でささやかれ、一部の人々の間で流行したほど。快適さで評判となった20系客車は、昭和34年、東京～長崎を結ぶ特急列車にも使用されることになり、「さくら」として運行をスタート。翌年には、東京～鹿児島を結ぶ「はやぶさ」にも20系客車が使用された。

「"あさかぜ"、"さくら"、"はやぶさ"は、九州特急の三姉妹と呼ばれるようになりました。20系客車は、全室冷暖房付きという快適さによって大好評でした」

という結解さんが、高校生のころにお金を貯めて、初めて乗ったというブルートレインは、そんな三姉妹の一員である「さくら」だったという。

「憧れのブルートレインにやっと乗れたときには、感動しました。乗り心地はよかったですね。うれしくて舞い上がっていたので、車窓から夜の景色を眺めるのが精一杯でした。夜中のホームに入っている東京では見ることができない列車や、ふだん見慣れない繁華街の灯りや人波など。夜の車窓も楽しいものです」

これらの20系トリオを当時の国鉄東京鉄道管理局はPR誌で「ブルーの三姉妹」と紹介。さらに昭和38年には、さらに東京～熊本を結ぶ特急「みずほ」も、大好評の20系客車化。基本編成を熊本発着、付属編成を大分発着としたが、翌年には大分発着の「みずほ」が独立して「富士」を名乗るように。こうして勢ぞろいした九州特急の五姉妹について、梅原さんは語る。

「当時はまだ新幹線もなかったため、九州といえば、"ブルートレインで行くところ"というイメージが一般的でした。当初、高嶺の花だったブルートレインも経済成長とともに、しだいに大衆化していったのです」

撮影／山口雅人

昭和48年、九州日豊本線の都城駅で撮影。大阪～九州を結ぶ「彗星」。この年に24系寝台車を使用し、増発することになった。

昭和39年には、上野～青森を結ぶ東北初のブルートレイン「はくつる」が東北本線に登場。翌40年には「はくつる」の姉妹列車として、常磐線経由で上野～青森を結ぶ「ゆうづる」が誕生。また、関西と九州を結ぶ初のブルートレイン「あかつき」が、新大阪～西鹿児島に登場し、20系客車のブルートレインは南へ、北へ、またたく間に路線を広げ、本数も増発していった。

昭和47年、「さくら」「みずほ」「あさかぜ」に登場したのが、旅客のニーズに応えて、ベッドの幅をより広くとった14系客車。さらに昭和48年には、14系客車の電源方式を変更した24系客車が、「あかつき」などに登場した。翌年にはさらなる快適性を追求し、それまで三段ベッドだったB寝台を二段ベッド化した24系25型車両が、「あかつき」などに使用された。昭和40年代後半、ブルートレインが運転本数、区間ともに充実した最盛期だ。しかし、最盛期は長くは続かなかった。

「昭和50年3月には、新幹線が博多まで延び、飛行機を使う人もだんだんと増えていたため、まず長距離を日中走る特急列車が消えていきました。遠距離を移動できる列車はブルートレインだけになっていきましたが、やがてブルートレインも、その多くが衰退の運命をたどることになりました」と梅原さん。

名門特急として一時代を築いた「あさ

昭和44年、奥羽本線、碇ヶ関駅にて撮影。「日本海」は今年の3月にて函館までの運行が、大阪～青森の運行に変更された。

撮影／山口雅人

ブルートレイン変遷表

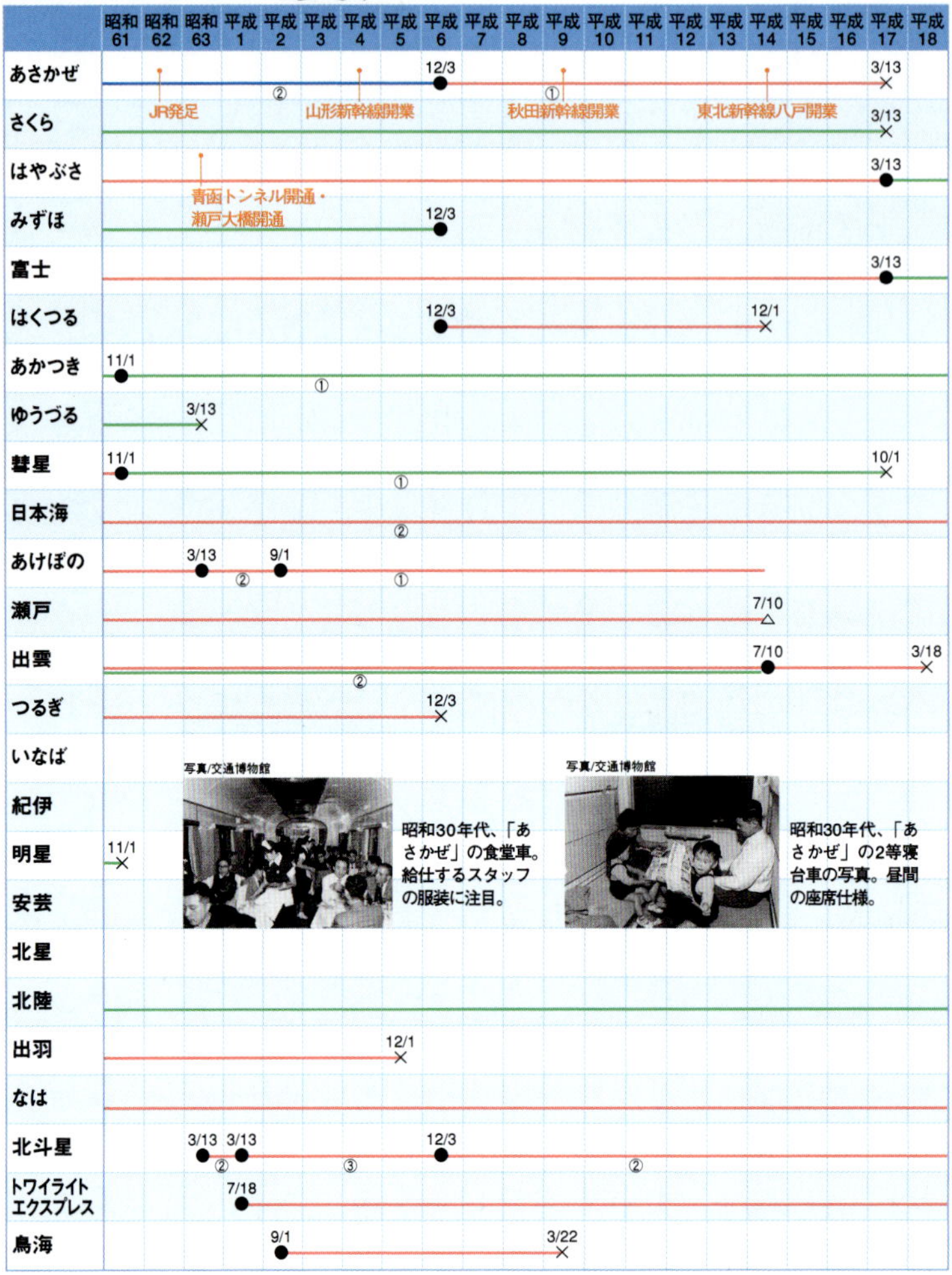

写真/交通博物館

昭和30年代、「あさかぜ」の食堂車。給仕するスタッフの服装に注目。

写真/交通博物館

昭和30年代、「あさかぜ」の2等寝台車の写真。昼間の座席仕様。

かぜ」が、惜しまれつつも、ついに廃止となったのが平成17年3月。そのほかのブルートレインも、多くが役割を終えてすでに廃止となった。とはいえ、その生命はまだ消えていない。なかでも平成元年の登場以来、人気を呼んでいるのが、大阪～札幌という最長距離を21時間かけて走る「トワイライトエクスプレス」だ。客車は24系25型。「日本のオリエント急行」の異名をとる、豪華寝台列車として人気を集めている。そんな「トワイライトエクスプレス」の魅力について、結解さんはこう語る。

「日本海に沈む夕日の雄大な景色が、この列車の魅力のひとつ。その景色を楽しむために、大阪発の下りに乗るのがおすすめです。夜が明けて、目が覚めればそこは北海道。夜乗っている間に、とんでもなく遠いところまで連れて行ってくれる。そんなロマンが、寝台特急にはあります」

「あさかぜ」第一号の編成図

13両固定編成で登場した、「あさかぜ」。夏は空気冷房、冬は電気暖房と当時画期的な設備で人気を博した、ブルートレイン第一号の編成図。

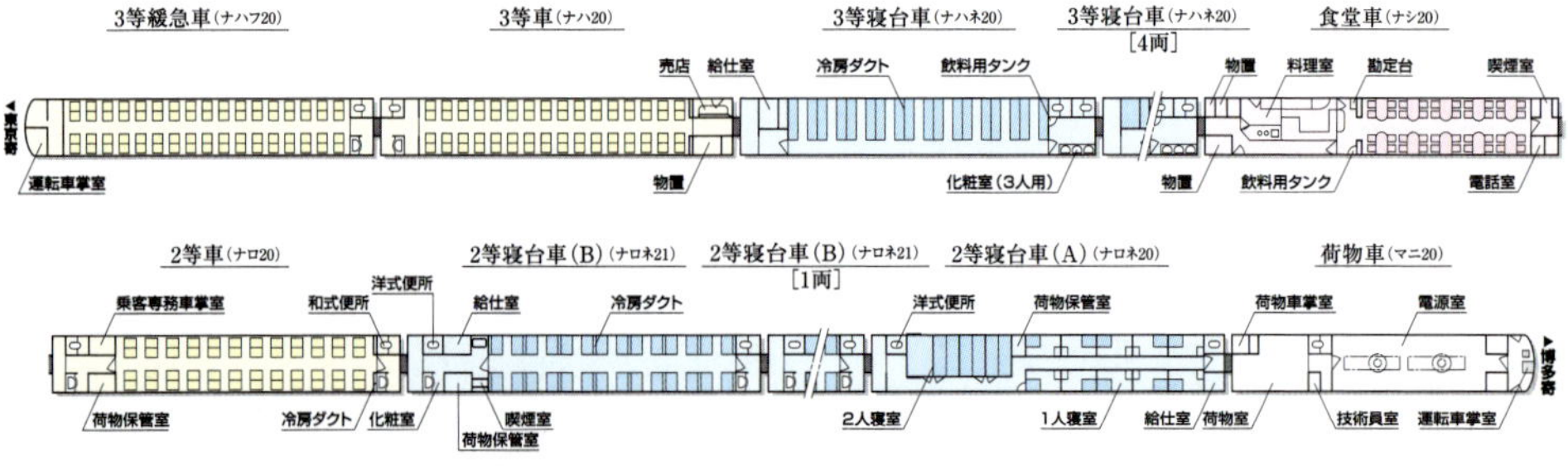

編成図／ジェオ

ブルートレイン変遷表

※青い罫線は、20系、緑の罫線は、14系（・15型）、赤い罫線は24系（・25型）。○は開始、△は違う形式のものに変更、□は他のものからブルートレインに、×は廃止、●は運転本数、客車の変更などの日付、○内の数字は往復数を表しています。

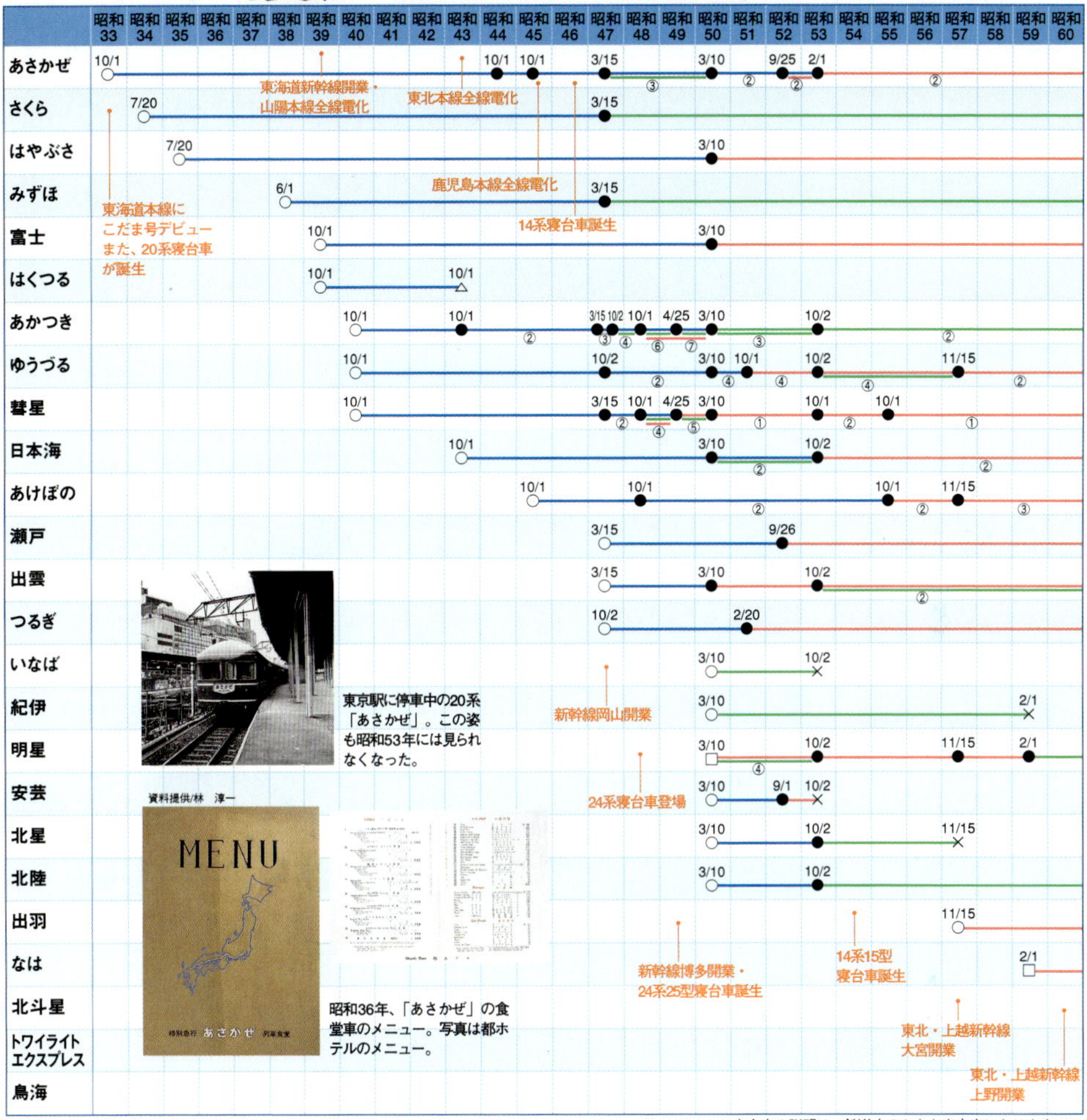

東京駅に停車中の20系「あさかぜ」。この姿も昭和53年には見られなくなった。

資料提供/林　淳一

昭和36年、「あさかぜ」の食堂車のメニュー。写真は都ホテルのメニュー。

※赤文字の説明は、鉄道史のおもな出来事になります。

東京駅に到着したブルートレイン。赤帽が荷物を運搬しているところ。

撮影／山口雅人

ターミナル駅でよく見られた移動式売店。こんな光景も過去のものとなりつつある。

昭和50年代までは鉄道旅行があたりまえの時代で、帰省シーズンには上野駅も多くの乗客でにぎわった。

ブルートレインの出発にはかかせない見送りの人達。涙の別れも多くあったに違いない。

ブルートレインの最古参になる
現役ブルートレイン「はやぶさ」の血統

はやぶさメモリアル集

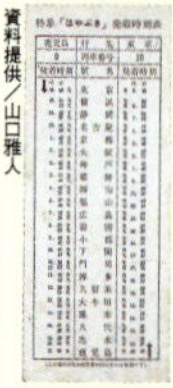

資料提供／山口雅人

昭和33年10月1日。「はやぶさ」がデビューした際に配布された記念券。裏には時刻表と運行区間が記されている。

資料提供/林 淳一

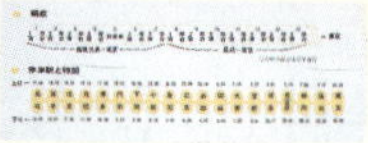

昭和43年10月1日。長崎編成が出来た際に配布された記念券。

撮影／長谷川 章

昭和53年11月4日撮影。「はやぶさ」24系の際の食堂車内の写真。

昭和60年「はやぶさ」に連結された24系客車がロビーカーの始まり。

撮影／山口雅人

BLUE TRAIN はやぶさ 20型

昭和35年に20系寝台車に変わった「はやぶさ」。登場時は日本一長い距離を走るブルートレインだった。

BLUE TRAIN さくら はやぶさ 24型

平成11年からは「さくら」との併結運転が始まり、ヘッドマークにも2つの列車が描かれている。

BLUE TRAIN 富士 はやぶさ 14型

平成17年に「さくら」が廃止となり、手をつなぐ相手が「富士」へと変わり、ヘッドマークの絵柄も変化。

「昭和40年代の姿をとどめながら現役で走っている、最古参のブルートレイン。けっして豪華とはいえないけれど、レトロな風貌に愛着がわきます」

と梅原さんが語るのは、昭和35年、東京〜西鹿児島間を結ぶ20系寝台特急となった「はやぶさ」。かつて日本一の長距離区間を走るブルートレインとしても脚光を浴びた寝台特急だ。

20系客車で活躍してきた「はやぶさ」が、24系客車の三段寝台となったのは、昭和50年。さらに二段寝台の24系25型へ、そして最終的には昭和47年に営業開始した14系客車へと変遷をとげ、現在のレトロな風貌に落ち着いた。

「平成9年、"はやぶさ"は運転区間が短縮され、熊本が終着駅となりました。かつて西鹿児島まで運行していた時代に、何度か乗りましたが、熊本より先は、海、山沿いののどかな単線でした」

と梅原さん。ちなみに、かつて「はやぶさ」が誇った日本最長距離区間を、昭和40年に追い抜いたのは、「富士」。現在の「はやぶさ」は、この旧知のライバルである「富士」と、途中区間を同じくして走り、九州ブルートレインの歴史を伝える貴重な存在となっている。

現「はやぶさ」運行ルート

運行区間/東京〜熊本、運行時間：下り東京発・18時3分〜熊本着・翌11時18分。上り熊本発・16時〜東京着・翌9時58分。A寝台1人用個室3万1200円、B寝台1人用個室2万4150円

トラベルミステリー作家・西村京太郎さんが語る、ブルートレインの魅力

「ブルートレインの中では、はやぶさが一番思い出に残るね」

にしむら・きょうたろう

昭和5年（1930年）、東京生まれ。著書は400冊目前。列車や観光地を舞台とする「トラベルミステリー」に分類される作品を数多く発表。シリーズキャラクターである十津川警部と亀井刑事のコンビは有名。

作家・西村京太郎さんは西村京太郎記念館1階にある「茶房にしむら」の大きなテーブル席に座っていた。執筆を中断して抜け出してきたのか、かたい表情だったが、内容がブルートレインのことと分かると、とても柔らかな笑顔になった。

好きなんです、ブルートレインが。

今年の5月下旬、北海道へと取材旅行に行ってきたんです。寝台特急「北斗星」でした。

この北海道行きのすこし前に、カシオペアに乗る機会があり、さらにそのすこし前に日本海に沿って北上するトワイライトに乗っているんです。立て続けに寝台特急に乗れるなんて、嬉しいよね。

で、北斗星。新型車両のカシオペアなどに比べ、確かに狭い、天井が低い、デッキ下の車体横とかが結構傷だらけ。ペンキなんかも何遍も塗り重ねられていて、厚化粧の痛々しさ。でもね、もう30年前になるでしょうか、『寝台特急殺人事件』を書き下した頃にぼくが乗った当時のままの姿でまだ頑張ってるんだ。

さくら、富士、あさかぜ、といった名前が浮かんできて、さまざまな思い出が甦ってきたね。頑張っている姿を間近に見る。触れる。いいもんです。

ガクーン、ガクーン、ガクンと機関車が力強く牽引するあの力の伝わり方も、身体で感じとりたい楽しみのひとつかな。

たとえば、東京駅を夕方に出る。家々の灯りや街灯が車窓から見え始める。それらの灯りが走り去らずに付いてくる感じがして、それが好きなんだ。

B寝台は翌朝からふつうの座席になるからぼくはイヤで、そのまま寝転んだりしていられる個室がいいんだけど、朝、洗面所やトイレに行くでしょ。順番を待って、挨拶を交わしながら用を足す。列車の揺れでぶつかっても、すぐにごめんなさいと謝る雰囲気がいい。あわただしいあの時間が好きなんです。

新幹線だと人間がトゲトゲしくない？　座席の肘掛けを舞台にした意地の突っ張り合い。ブルートレインは実にいいです。車両が古くても、乗り心地が悪くても、そこはかとなく漂う旅情では、ブルートレインにかなうものは、ないです。

いまの「はやぶさ」は東京駅から「富士」を併結して下関まで走り、そこで大分へと向かう富士と分かれて熊本まで行きます。走る距離も短く、さらに全行程を単独で走るわけじゃない。車両編成も短いものに変わってしまった。それでも思い出に一番残っているブルートレインというと、「はやぶさ」ですね。

今年5月下旬に寝台特急「北斗星」で北海道へと取材旅行に出かけた折、食堂車でくつろぐ西村京太郎さんと奥様。

西村京太郎記念館オリジナルの『十津川警部の時刻表』。内容は2002年版。2000円。

「ブルートレイン」をタイトルにうたった作品（一部）

- 寝台特急殺人事件
- 新・寝台特急殺人事件
- 寝台特急「北斗星」殺人事件
- 豪華特急トワイライト殺人事件
- 寝台特急「日本海」殺人事件
- 寝台特急「あさかぜ1号」殺人事件
- 寝台特急「北陸」殺人事件
- 寝台特急カシオペアを追え
- 寝台特急あかつき殺人事件
- 狙われた寝台特急「さくら」
- 下り特急「富士」殺人事件
- 特急さくら殺人事件
- 特急「富士」に乗っていた女
- 寝台特急「ゆうづる」の女
- 寝台特急「はやぶさ」の女
- 寝台急行「銀河」殺人事件
- 寝台特急あかつき殺人事件
- 寝台特急八分停車
- 寝台特急「紀伊」殺人行

ほか

日本のミステリー界の金字塔として燦然と輝く『寝台特急殺人事件』は寝台特急「はやぶさ」が舞台で、初版は1978年。2003年の改版を経てなお、ファンを魅了し続けている。

※作品の中には絶版のものもあります。

西村京太郎記念館の展示ルーム（2階）。開館9時～16時30分（入館は16時まで）、毎週水曜休館。神奈川県湯河原町宮上42-29。☎0465-63-1599。東海道本線湯河原駅からタクシー5分。

取材・文／長谷川智昭（オフィス サヤ）　撮影／スケガワ ケンイチ

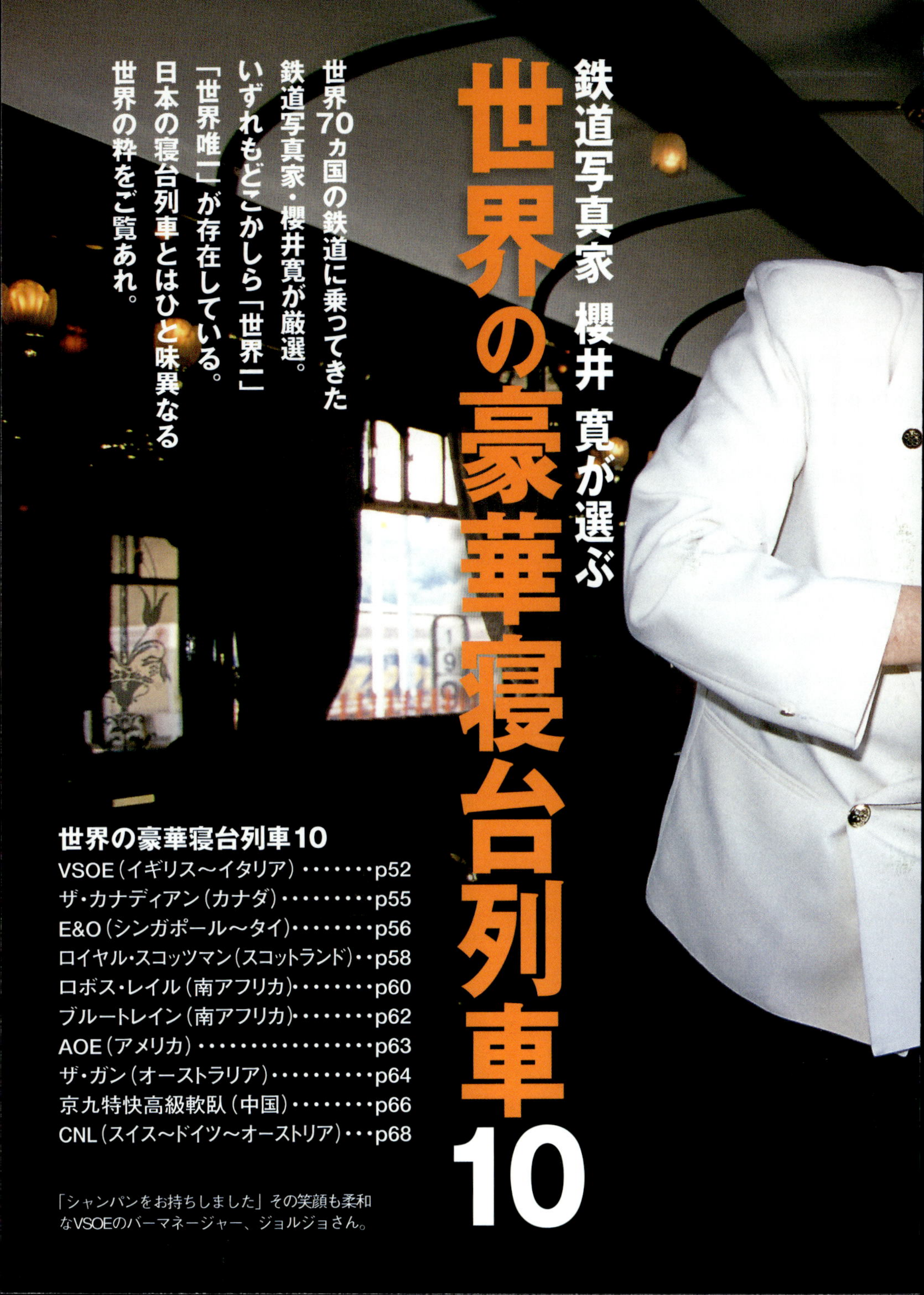

鉄道写真家 櫻井 寛が選ぶ 世界の豪華寝台列車10

世界70ヵ国の鉄道に乗ってきた
鉄道写真家・櫻井寛が厳選。
いずれもどこかしら「世界一」
「世界唯一」が存在している。
日本の寝台列車とはひと味異なる
世界の粋をご覧あれ。

世界の豪華寝台列車10

「シャンパンをお持ちしました」その笑顔も柔和なVSOEのバーマネージャー、ジョルジョさん。

鉄道写真家 櫻井寛が選ぶ

あらゆる点で世界の頂点に立つ豪華寝台列車

ベニス・シンプロン・オリエント・エクスプレス VSOE

イギリス～フランス～スイス～オーストリア～イタリア

インスブルック中央駅にしばし停車するVSOE。背後に屏風のように屹立するのはノルトケッテ（北の鎖）連峰である。

タキシードの着用率が最も高い列車

世界一有名な豪華寝台列車といえば、間違いなく「オリエント急行」であろう。1883年運行開始という1世紀以上にも及ぶ歴史と伝統。王侯、貴族、大富豪らに愛され続けてきた格式の高さ。そしてオリエント急行様式とさえ呼ばれる芸術的かつ伝統的な寝台車インテリアなど、今もなお、すべてにおいて世界の頂点に立つ豪華寝台列車である。

現在、定期運行する唯一のオリエント急行が「VSOE」である。かのアガサ・クリスティも何度となく乗車した往年の「SOE（シンプロン・オリエント急行）」のルートを踏襲し、終着駅をイスタンブールからベニスに変更したことから、Vが冠され「VSOE」となった。

ロンドン～ベニス間の乗車料金は、カップルで乗車すれば50万円を超える。決して安いものではない。けれども、1883年当時のパリ～イスタンブール間の料金は、召使いの1年分の給料に匹敵したというから、それを思えば必ずしも高額とは言えない。それに第一、召使いなどいない私が乗れるのだから、むしろいい時代に生まれたことに感謝である。

ディナー以降のナイトタイムは、男性はブラックタイ、女性はイブニングなどの準礼装ドレスコードが適用される。私の経験ではタキシード

アールベルグ峠に架かるトリサンナ鉄橋を渡るＶＳＯＥ。眼下にはやがてドナウとなり黒海に注ぐイン川が流れる。

の着用率が世界一高い列車もまた「VSOE」なのである。わざわざヨーロッパまで正装を持参するのは大変だが、だからこそ「オリエント急行」なのだ。紳士、淑女が集う〝ヨーロッパの走る社交場〟を心ゆくまでお愉しみいただきたい。

1/和気あいあいのベニス・サンタルチア駅チェックインカウンター。黒服の男性はレストランマネージャー。2/1920年代の寝台車様式そのままの重厚感あふれるダブルキャビン。就寝の際は2段ベッドがセットされる。

1/食堂車エトワール・デュ・ノールでポーズを決める総シェフのクリスチャン・ボディゲル氏。ＶＳＯＥにはインテリアが異なる食堂車が３両連結されている。2/ランチの前菜シーフードのガーリックソース仕立て。ベニスが始発駅だけに魚介類も新鮮である。3/ピアノの調べが流れるバーサロンカー。着飾った紳士、淑女がヨーロッパの走る社交場を演出する。

●VSOE

(ベニス・シンプロン・オリエント・エクスプレス)

運行区間	ロンドン〜ベニス
走行距離	約1750km
所要時間	約30時間(1泊2日)
料金	27万7000円(ダブルキャビン2名利用時の1名分)
問い合わせ	オリエント・エクスプレス・ホテルズ・ジャパン 電話03ー3265ー1200 http://www.orient-express.co.jp
備考	料金には食事代を含む。イスタンブール行き特別運行もある。

鉄道写真家　櫻井寛が選ぶ
バンクーバー～トロント

世界第2の長距離を行く大陸横断特急
ザ・カナディアン

離れがたくなるほど
抜群の眺望を誇る展望車

カナダを代表する寝台列車が第1列車「ザ・カナディアン」。その列車番号が物語るように、同国でもっとも歴史ある大陸横断列車であり、世界でもシベリア鉄道「ロシア号」に次ぐ第2位の長距離列車である。

60年代に製造された流線型ボディは、今の時代にあってもゴージャスそのもの。しかも寝台車のインテリアは、その時代に合わせてリニューアルが施されており快適である。

さらにうれしいのは天井までガラス張りのドーム展望車「スカイライン」と後部展望車「パークカー」。その座席にひとたび座れば、誰しもが離れがたくなるほどの抜群の眺望を誇っている。ことにここから望むカナディアン・ロッキーは最高だ。ディナーの前にはパークカーにて、シャンパン・サービスも行なわれる。

●ザ・カナディアン

運行区間	バンクーバー～トロント
走行距離	4466km
所要時間	約67時間（3泊4日）
料金	1等寝台　1146～1814カナダドル（キャビン2名利用時の1名分）／ロマンス・バイ・レイル　4260カナダドル（2名分）
問い合わせ	カナディアンネットワーク 電話03－3593－8090 http://www.viarail.ca
備考	シルバー&ブルークラス（1等寝台）は料金に食事代を含む。

1/ドームカーと呼ばれるスカイライン展望車より望むサスカチュワン州の穀倉地帯。地平線の彼方まで麦畑が続く。2/カナディアン・ロッキーのムース湖に沿って快走する。高峰、氷河、湖、そして野生動物などが車窓に展開する。3/「ボナペティ！」と笑顔のウエイトレス。カナダならではの風光明媚な車窓を眺めながらの食事は最高である。

鉄道写真家 **櫻井寛が選ぶ**

シンガポール～マレーシア～タイ

文化も風土も異なる三ヵ国を堪能できる豪華列車

E&O イースタン・アンド・オリエンタル・エクスプレス

全キャビンにシャワーが完備され食堂車のメニューも日本人好み

アジアきっての豪華寝台列車が、「E&O」である。ルートはシンガポールからマレーシアを経由してタイのバンコクへと至る「マレー半島縦断鉄道」２０００ｋｍ。椰子の葉そよぐ熱帯のエキゾチックな車窓風景も然る事ながら、緑に包まれた国際ガーデン都市シンガポール、回教の国マレーシア、そして仏教国タイと、列車内に居ながらにして、文化も風土も異なる三ヵ国を堪能できるのも「E&O」の大きな魅力である。

国境を越えると女性クルーのユニフォームが教えてくれるのもこの列車ならでは。つまりシンガポールから乗車した場合、チャイナドレスからマレー更紗、そしてタイシルクのドレスに次々と衣替えするのだ。

寝台車はプルマン、ステイト、プレジデンシャル・スイートの三つのカテゴリーがあるが、料金に拘らず全てのキャビンにシャワー室が完備する。熱帯地方を走る列車だけに、

3

1

2

1/キャビンクルーの多くはタイの青年たちで構成される。敬虔な仏教国だけに合掌のポーズと笑顔とで乗客たちを迎える。2/ナイトタイムのバーラウンジカーにて披露される妖艶かつ華麗なタイ古典舞踏。3/22両編成のほぼ中央に連結されたバーラウンジカー。熱帯地方を走る豪華列車だけに乗客たちの服装もカラフルである。

これまたうれしい配慮である。

　3両あるダイニングカーでの食事は正統フレンチながら、そこはマレー半島。本場のトロピカル・フルーツを多用した味覚が新鮮だ。アジアの列車だけあって日本人の口に合うメニューが多いのも美点である。

22両編成の最後部はオープンデッキのオブザベーション（展望）＆バーカー。全車両エアコン完備のE＆Oの中で唯一外気に触れられるスペースである。写真撮影にも最適な上に熱帯の薫風を思い切り味わうこともできる。

4/ランチのセットメニュー。手前から左回りに前菜のシュリンプとポメロのサラダ。デザートのマンゴ＆パッションフルーツ、オレンジのタルト。メインディッシュのチキンと焼きトマト、オニオンソース。
5/展望車のオープンデッキより望むE＆O。熱帯の樹木の中にグリーンを基調としたツートーンカラーがよく映える。
6/就寝時には2段ベッドがセットされるプルマンキャビン。
7/微笑みも優しいバーカーのスタッフ。女性クルーの衣装からタイ国内を走行中である。

●E&O（イースタン&オリエンタル・エクスプレス）

運行区間	シンガポール〜バンコク
走行距離	2052km
所要時間	約53時間（2泊3日）
料金	18万8000円（プルマン・キャビン2名利用時の1名分） 27万8000円（ステイト・キャビン2名利用時の1名分） 38万円（プレジデンシャル・スイート2名利用時の1名分）
問い合わせ	オリエント・エクスプレス・ホテルズ・ジャパン 電話03ー3265ー1200 http://www.orient-express.co.jp
備考	料金には食事代、ペナン島、クワイ川観光料金を含む。 全キャビンにシャワー完備。タイ国内周遊の特別運行もある。

時計台も印象的なウィメスベイ駅で乗客を待つロイヤルスコッツマン専用バス。

鉄道写真家　**櫻井寛が選ぶ**

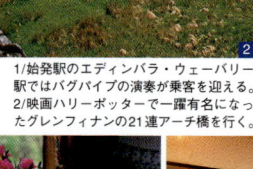

スコットランド内を最長7泊8日かけて巡る

ロイヤル・スコッツマン

エディンバラ発着スコットランド内周遊

1/始発駅のエディンバラ・ウェーバリー駅ではバグパイプの演奏が乗客を迎える。
2/映画ハリーポッターで一躍有名になったグレンフィナンの21連アーチ橋を行く。

3/ベッドがL字型に配置されたシックかつ重厚なインテリアのキャビン内部。
4/スコットランド風ブレックファストで供されたスモークド・コッド（鱈）。
5/ディナーのテーブルを囲む正装の乗客たち。彼らの多くは英国人と米国人。
6/9両編成の最後部はオブザベーションバーカー。ワインやスコッチが愉しめるほか、オープンデッキも完備する。

9両編成でキャビン数18室 オールツインで定員わずか36名

鉄道発祥の国、英国を代表する豪華寝台列車が「ロイヤル・スコッツマン」。列車名が物語っているようにスコットランド内を走る列車だが、実はスコットランドの面積は北海道よりもやや小さいほど。したがって寝台列車の需要は決して高くはない。けれどもこの列車、スコットランドの首都エディンバラを発車すると、最長で7泊8日、つまり8日後にエジンバラ駅に戻るダイヤが組まれているのだ。ご想像いただきたい。北海道内を7泊8日もかけて走る列車を。つまりスコットランドの景勝地を時間をかけてゆっくり走り、途中駅では列車ホテルとなってオーバーナイトし、翌朝次ぎなる目的地へと向かう優雅な周遊列車なのである。

ホテルの役目も果たすだけに車内はゴージャスで、9両という長い編成ながら、キャビン数はわずか18室、オールツインルームなので定員は満員でも36名に過ぎない。また全キャビンにシャワー室も完備している。

食事はスコットランドならではの魚料理も供され、本場ハイランド産のスコッチ・ウィスキーも思う存分愉しめる。なお、途中下車駅では専用バスが待機し、観光スポットへのエクスカーションが行われる。

●ロイヤル・スコッツマン

運行区間	エディンバラ発着スコットランド内周遊
所要時間	1泊2日～7泊8日
料金	ウィーダラム（1泊2日）£840よりグレートノースウエスタン（7泊8日）£4840まで（いずれもキャビン2名利用時の1名分）
問い合わせ	オリエント・エクスプレス・ホテルズ・ジャパン 電話03－3265－1200 http://www.royalscotsman.co.uk
備考	料金には食事代、観光料金を含む。全キャビンにシャワー完備。他に、車中2泊、3泊、4泊、5泊のコースもある。

鉄道写真家 櫻井寛が選ぶ

プレトリア～ピーターズバーグ～（ビクトリア・フォールズ）

ロボス・レイル

ロボス氏所有のプライベート列車のゴージャスさ

ロボスレイルの先頭に立つマウンテン型蒸気機関車。1938年にドイツにて製造された名機関車。ロボスレイルでは7両の蒸気機関車を動態保存している。

1/２日目の朝はサバンナで迎えた。人工物の見当たらない車窓風景はここがアフリカであることを物語っている。
2/２泊３日の間で最大のハイライトがクルーガー国立公園野生動物ウォッチング。まずはアフリカ象と接近遭遇。

3/ロイヤルスイートには猫足のバスタブが完備する。バス付きの定期列車はブルートレインとロボスレイルのみ。
4/1911年製造という14両編成中最高齢の食堂車。座席は46脚。乗客全員が一堂に会し食事できるキャパシティー。
5/「♪キン、ココ、キン……」寝台車の通路をリズミカルな鉄琴が奏でられる。間もなく食事開始の合図である。

野生動物ウォッチングの後は ファーストクラスの機内へ

ギネスブック掲載の世界一の豪華列車が南アフリカの「ブルートレイン」だが、新たに登場した豪華列車が「ロボス・レイル」である。両列車の違いを端的に言えば、ブルートレインは民営化された旧南ア国鉄の列車であり、ロボス・レイルは南アの大富豪ローハン・フォス氏（愛称・ロボス）が所有するプライベート列車であること。国鉄系列車と個人所有列車とでは、どちらがゴージャスかは、言わずもがなである。

通常の運行ルートは首都プレトリアからピーターズバーグに至る約900km、新幹線なら4時間弱で駆け抜ける距離を2泊3日かけて行く。その理由はクルーガー国立公園にてエクスカーションが行われるからだ。野生動物ウォッチングの後は、終点ピーターズバーグにて、オール・ファーストクラスの「ロボス・エア」が待っている。その行き先はジンバブエのビクトリア・フォールズ。プライベート・トレイン&プライベート・エアのなせる技である。

なお、始発のプレトリア・キャピタル・パーク駅は鉄道路線図には載っていない。ロボス氏のプライベート駅だからだが、列車はゲートを潜って国鉄線へと乗り入れて行く。

ピーターズバーグ駅にて発車を待つロボスレイル。1920年製造の後部展望車から豪奢な灯りが漏れる。プレトリアに向けて発車するのは20時ちょうどの予定。

●ロボス・レイル

運行区間	プレトリア～ピーターズバーグ～(ビクトリア・フォールズ)
走行距離	894km
所要時間	2泊3日
料金	1万2750ランドより(キャビン2名利用時の1名分) ※1南アフリカランド＝約17円
問い合わせ	阪急交通社 電話03－5445－5961 http://www.rovos.com
備考	料金には食事、酒類、観光料金、ビクトリア・フォールズまでの航空券を含む。全キャビンにシャワー、ロイヤルスイートにバスタブ完備。

鉄道写真家 櫻井寛が選ぶ

ケープタウン～プレトリア

ギネスが認めた世界一の豪華列車

ブルートレイン

1/ケープタウンを発車すると間もなくランチタイム。ダイニングカーの車窓には葡萄畑が広がる。ケープ地方はワインの産地でもある。
2/ロイヤルブルーの車体にはゴールドのBのイニシャルが輝く。ブルートレインの紋章だ。
3/18両編成中、2両がバーラウンジカーで、ともに多種多彩な世界の銘酒が取り揃えられている。フリードリンク制なのですべて無料。
4/「オレンジジュースはいかがですか？」と笑顔のクルー。定員84名に対しクルーは42名。

常に最新テクノロジーによる新型車両を投入

69ページでも触れたが、かのギネスブックに掲載される世界一の豪華列車が南アの「ブルートレイン」である。では、「オリエント急行は？」と言いたくもなるが、およそ75年も前の伝統的名車を走らせ続けている「VSOE」に対し、常に最新のテクノロジーによる新車を投入してきたのが「ブルートレイン」なのだ。それゆえハード面での快適性は「ブルートレイン」に軍配が上がる。

事実、乗車してみれば滑るかのような極上の乗り心地であり、最高級のラグジュアリークラスには大理石のバスタブ付きシャワールームさえ完備する。風呂好き日本人としては、乗車早々、湯船にお湯を満たして入浴を楽しんだが、驚くべきことに、お湯が溢れることはなかった。それほど揺れないのである。

●ブルートレイン

運行区間	ケープタウン～プレトリア
走行距離	1600km
所要時間	約27時間（1泊2日）
料金	ラグジュアリー　1万470ランド／デラックス9695ランド（いずれもキャビン2名利用時の1名分）
問い合わせ	南アフリカ観光局 電話03―3478―7601 http://www.bluetrain.co.za
備考	料金には食事、酒類、観光料金を含む。ラグジュアリーはバスタブ、デラックスクラスはシャワーまたはバスが完備する。

鉄道写真家 **櫻井寛が選ぶ** 合衆国およびカナダ、メキシコ周遊

アールデコ様式も典雅なプルマンカー

AOE アメリカン・オリエント・エクスプレス

ディナー時も正装の義務なし アメリカらしい自由な豪華列車

ＡＯＥは、全米最高峰の周遊型豪華寝台列車である。その運行区間は線路の続く限りどこへでもで、合衆国本土からカナダ・メキシコに至るまでと広範囲だ。例えば、ツアー名「グレート・トランス・コンチネンタル・レイル・ジャーニー」では首都ワシントンＤＣからロサンゼルスまで10日間かけて走り、「コースタル・キューナリー・アドベンチャー」は、ロサンゼルスから西海岸を北上しシアトルに至る7日間のコースである。

車両はヨーロッパにオリエント急行が誕生するきっかけとなった「プルマンカー」。そう、元祖寝台列車はアメリカが発祥の地なのである。ただし、ヨーロッパのオリエント急行との大きな違いは、ディナー時でも正装の義務がないこと。いかにもアメリカらしい自由な豪華列車だ。

優雅な曲線に彩られたＡＯＥ15両編成の最後部を飾るパーラーカー。1948年に製造された古きよき時代のプルマンカーで、1967年までニューヨーク～シカゴ間を結んでいた「20世紀特急」の展望車として君臨した名車である。

●AOE （アメリカン・オリエント・エクスプレス）

運行区間	合衆国本土およびカナダ、メキシコ周遊
走行距離	2250km（ロサンゼルス～シアトル間の場合）
所要時間	6泊7日（ロサンゼルス～シアトル間の場合）
料金	ビンテージ・プルマン　$3490より グランド・スイート　$5490まで（いずれもキャビン2名利用時の1名分）
問い合わせ	http://www.americanorientexpress.com
備考	料金には食事代、観光料金を含む。日本に問い合わせ窓口、代理店はない。

3

2

1/ランチタイムの食堂車。15両編成中食堂車は3両ありすべて自由席。
2/ディナータイムの食堂車。ディナーといえども乗客の服装はフリー。
3/アールデコのインテリアも優雅なパーラーカーの円形ベンチシート。

1

鉄道写真家 櫻井寛が選ぶ

ザ・ガン

世界最新の鉄道ルートを走るラクダ列車

アデレード～ダーウィン

1/終着駅ダーウィンを目ざし力走するザ・ガン。赤いディーゼル機関車の後ろは乗客のマイカー。そして右から２両目がかつての王室専用車プリンス・オブ・ウェールズ。2/ザ・ガン乗車前にディーゼル機関車の前で記念撮影するオーストラリア人カップル。3/2004年に開業したダーウィン駅。市内から相当離れているので周辺には何一つない。

かつての英国王室専用お召し車両も連結される

今、世界中の鉄道旅行ファンから熱い眼差しを受けている列車がオーストラリアの「ザ・ガン」である。なんとも物騒な響きの列車名だが、銃のことではない。実はラクダのことなのだ。開拓時代のオーストラリア、それも砂漠地帯での鉄道敷設工事に大活躍したのが、アフガニスタンから輸入されたラクダであった。１９２７年にアデレードからエアーズロック観光の基地アリススプリングズまで開通した当時の列車名は、「アフガン・キャメル・トレイン」。それが今では短縮され「ザ・ガン」となったのである。

それから数えて75年目の２００４年2月1日、残されていたアリススプリングズ～ダーウィン間がついに開通し、オーストラリア縦断鉄道は完成した。世界でも最新の鉄道ルートなのである。それゆえ、世界中の鉄道旅行ファン羨望の的というわけだ。

新生「ザ・ガン」には、シャワー完備の1等寝台「ゴールドカンガルー・クラス」のさらに上に、オーストラリア一の豪華寝台車「プリンス・オブ・ウェールズ」が連結される。英国王室専用に１９１９年に建造された、かつてのお召し列車である。料金は日本円で約１５０万円。10人で乗れば1人15万円で乗車できる。

●ザ・ガン

運行区間	アデレード～ダーウィン
走行距離	2979km
所要時間	約48時間（2泊3日）
料金	ゴールドカンガルークラス　1830豪＄（キャビン2名利用時の1名分）／ レッドカンガルークラス　1390豪＄（キャビン2名利用時の1名分）／ プリンス・オブ・ウェールズ　1万8300豪＄（1両貸切り、定員10名） 問い合わせ ATSパース支店 電話＋61－8－9481－1899（日本語対応） http://www.australia-train.com
備考	レッドカンガルークラスを除き料金に食事代を含む。ゴールドカンガルークラスのツインネット（2人個室）はシャワー完備。

6/1日目のディナー。手前右がメインディッシュのスティームド・キングフィッシュ。奥がパンプキンスープと温野菜盛り合わせ。

7/ラウンジカーではオーストラリアンワインの試飲会が。お子様にはジュースも用意。

8/世界最大の1枚岩ウルル（英語名エアーズロック）はアリススプリングズが玄関駅。ここで途中下車して向かう乗客も数多い。


4/1919年製造の王室専用車両プリンス・オブ・ウェールズに掲げられたエンブレム。カンガルーとエミューとがいかにもオーストラリアしている。

5/1等に相当するゴールド・カンガルークラスのプレート。2等はレッド・カンガルー。

鉄道写真家 **櫻井寛が選ぶ**

北京西～九龍

食べてよし、寝てよしの最新特快列車

京九特快高級軟臥

1/エスカレーター４基が並ぶ北京西駅のコンコース。1996年に完成した首都北京で最新にして最大のターミナル駅である。2/湯茶をサービスする京九特快の服務員。サモワールが完備し24時間給湯される。3/京九特快の先頭に立つＤＦ11型ディーゼル機関車。最高時速は170ｋｍを誇る。

車窓風景で見逃せない 黄河、長江（揚子江）の渡河シーン

中国の寝台車には、1等寝台に相当する4人個室の「軟臥」と、3段ベッドの2等寝台「硬臥」とがある。もちろん快適なのは文字通り軟らかいベッドの「軟臥」だが、近年になってさらに快適な2人個室「高級軟臥」が登場しつつある。そのトップバッターとなった列車が、北京と香港の九龍とを結ぶ「京九特快」、上海～九龍間「沪九特快」の2列車。ちなみに沪とは、上海地方のこと。このように、中国の列車名は始発駅と終着駅の組合せなので一目瞭然だ。なお特快とは特急の意である。

いずれも97年の香港の中国返還に合わせて導入されたのだが、外国人旅行者も多い路線だけに大好評だ。「京九特快」は北京～九龍間2475kmを鄭州、武昌、長沙、広州東の4駅のみ停車で駆け抜ける。ただし香港行き乗客は北京西駅にて出国手続きを済ませるので途中下車は不可。車窓風景で見逃せないのは黄河、長江（揚子江）の渡河である。

寝台車以外では餐車、つまり食堂車の存在も忘れられない。中国の寝台列車には必ずといっていいほど食堂車が連結され、本格的な中華料理が賞味できる。食べてよし、寝てよし、それが最新の特快列車である。

餐車（食堂車）のテーブルいっぱいに並んだ料理の数々。実はこれで朝食である。ということは昼夕食時にはさらに数多くの料理が並ぶことは言うまでもない。

●京九特快高級軟臥

運行区間	北京西～九龍
走行距離	2475km
所要時間	約24時間20分（1泊2日）
料金	硬臥　480元／軟臥　738元 高級軟臥　1191元
問い合わせ	アクロス中国 03ー3340ー6740 http://www.atb.tv/
備考	北京西～九龍、上海～九龍間とも隔日運行。

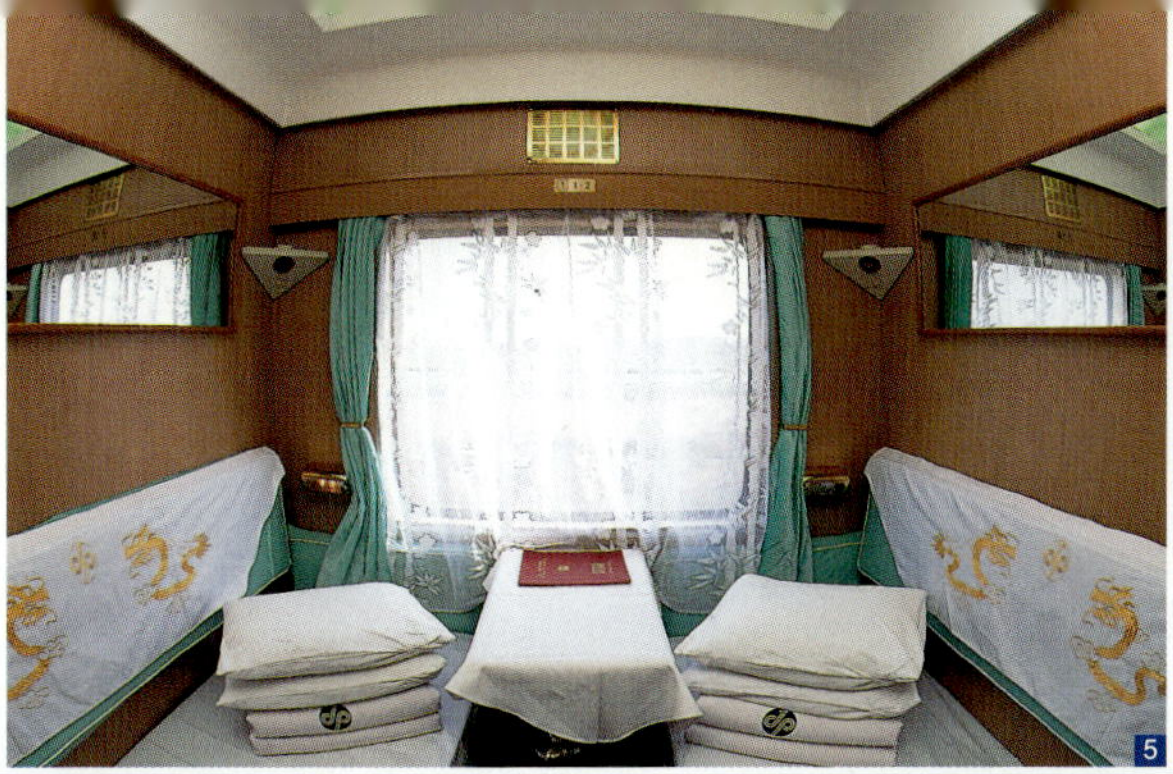

4/軟臥にて旅行中の中国人ご夫妻。他の列車では軟臥が最高級であり、中国でも高額所得者か特権階級でないと乗車は叶わない。
5/軟臥のさらに上の高級軟臥。定員２名の個室であり、現時点では京九特快、沪九特快など限られた列車にしか連結されていない。

鉄道写真家 櫻井寛が選ぶ

最新シティーホテルを思わせる内装

CNL シティ・ナイト・ライン

スイス～ドイツ～オーストリア

1/1等デラックスに朝食をルームサービスするクルー。ルームサービスのリクエストは早朝5時台から可能となっている。2/食堂車での夕食は有料だが、コース料理の他、写真のパスタ&サラダなどの軽食も深夜2時の閉店までサービスされる。3/1等エコノミーのルームサービス朝食。コンチネンタル様式のブレックファストながら香り高いコーヒーがうれしい。

4/最高級の1等デラックス。2名分のシートの他に背後の壁面には2段ベッドが収納され、さらに専用のシャワー、トイレ室が完備する。5/1等エコノミーのベッドルーム。純白の寝具がクリーンで気持ちよい。トイレはないが洗面台が完備する。6/ハンブルク・アルトナ駅にて発車を待つチューリヒ中央駅行きCNL。今日のヨーロッパでもっとも近代的で快適な寝台列車である。

豪華というより快適 随所に見られる遊び心が楽しい

スイス、ドイツ、オーストリアの3ヵ国共同開発によるCNLは、既存寝台車の古臭いイメージを払拭した最新型で、豪華というよりも快適な寝台列車である。車体カラーこそ、伝統の濃紺色だが、大きな三日月マークや、車体全面に描かれたCNLロゴなど、遊び心が感じられて楽しい。一方、キャビンに入ってみれば、最新のシティーホテルを思わせる清潔感あふれるホワイト主体の内装で、特に寝具類はピロも羽毛布団も一点の滲みもないクリーンさがうれしい。

さらに特筆に値するのがダイニング・バーの営業時間だ。閉店は深夜2時であり、朝食堂として再びオープンするのは早朝4時である。しかもデラックスとエコノミー個室寝台利用客にはコンチネンタルの朝食(無料)がルームサービスされる。

●CNL (シティ・ナイト・ライン)

運行区間	チューリヒ～ベルリン他
走行距離	約1060km
所要時間	約12時間(1泊2日)
料金	1等デラックス1名部屋　6万5800円/1等デラックス2名部屋　4万2900円(キャビン2名利用時の1名分)　問い合わせ　旅プラザ新宿　電話03－5362－7300　http://www.citynightline.ch
備考	個室寝台乗客は朝食付き。1等デラックスはシャワー完備。他にチューリヒ～ハンブルグ、ドルトムント～ウィーン間などに運行中。

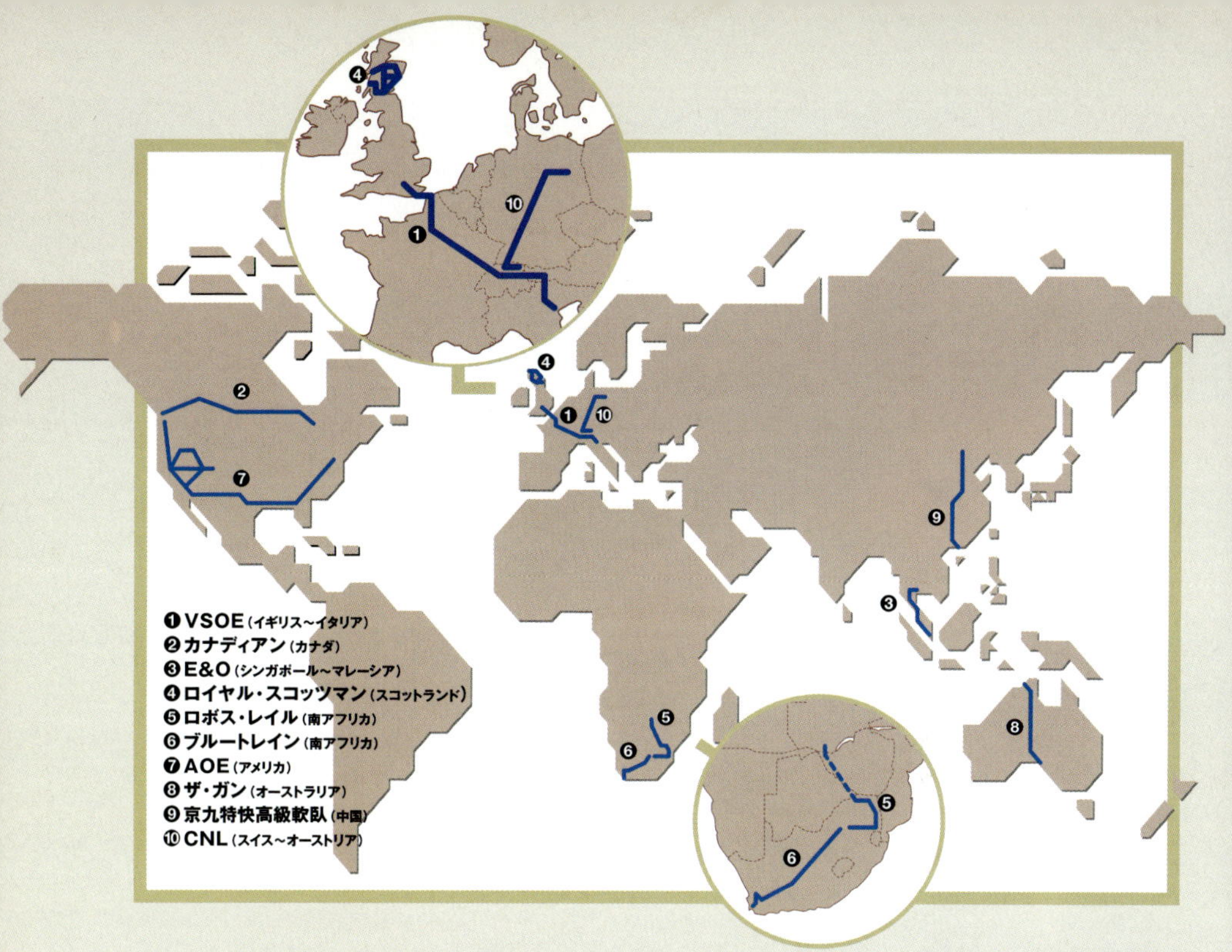

世界の豪華寝台列車10

櫻井　寛

いずれもどこかしら「世界一」「世界唯一」

まずは上の世界地図をとくとご覧いただきたい。これまでに世界70ヵ国の鉄道に乗ってきた、鉄道フォト・ジャーナリストの櫻井寛が推薦する世界10大豪華寝台列車マップである。

この中の10列車は実際には二つのグループに大別される。「VSOE」「E&O」「ロイヤル・スコッツマン」「ロボス・レイル」「ブルートレイン」「AOE」の6列車は、文句なし、世界屈指の豪華列車だが、「ザ・ガン」「CNL」「京九特快」「カナディアン」の4列車は、豪華寝台車両もある寝台列車。つまり2等車も連結していて安価に旅行することも可能な列車である。

後者は日本の列車に例えたならB寝台も連結した「トワイライトエクスプレス」にも似ている。だからといって「トワイライトエクスプレス」が豪華列車であることには変わりないように、いずれもその国を代表する豪華寝台列車と断言できる。

敢えて前者と後者を比較するなら料金が10万円を超えるか否かであろう。けれども金額では換算できないのも事実。上記10列車にはいずれもどこかしら「世界一」「世界唯一」が存在するのである。

それでもなお、読者の皆様からは、「どの列車が一番豪華ですか？」という質問が寄せられ返答に苦慮するのだが、一度、その列車に乗ってしまえば、どの列車も素晴らしく、愛らしく、とても甲乙など付けられないこと、お許しいただきたい。

それでは、さらなる豪華寝台列車に乗りに、行ってきます！

鉄道写真家
櫻井　寛

さくらい・かん
昭和29年生まれ。出版社勤務の後、旅のフォト・ジャーナリストとして独立。雑誌など多メディアで活躍中。著書は「鉄道世界夢紀行」「オリエント急行の旅」「日本縦断個室寝台特急の旅」など。

4
3

全国トロッコ列車ベスト10

風を感じて！

鉄道3賢人が、乗り心地・風景などを厳正採点しました！

真島満秀（鉄道写真家）、川島令三（鉄道評論家）、谷川一巳（旅行ライター）…日本中のすべての列車を乗り尽くした鉄道の専門家3人が、「車窓」「車両」「演出」「本物度」を辛口採点した全国トロッコ列車ベストランキングを公開！

真島満秀さん・川島令三さん・谷川一巳さん
鉄道3賢人が採点した
本当に乗って楽しいトロッコ列車はこれだ！

全国のトロッコ列車を4つのポイントで採点

順位	名称	車窓	車両	演出	本物度	合計	平均点
第1位	黒部峡谷鉄道	14	14	12	15	55	4.6
第2位	南阿蘇鉄道	12	14	14	14	54	4.5
第3位	JR富良野・美瑛ノロッコ号	14	12	12	12	50	4.2
第4位	嵯峨野観光鉄道	12	12	12	12	48	4.0
同	島原鉄道	12	12	12	12	48	4.0
同	JR清流しまんと号	13	12	11	12	48	4.0
第7位	JR奥出雲おろち号	12	11	12	12	47	3.9
第8位	JR瀬戸大橋トロッコ号	13	12	11	9	45	3.8
同	JRトロQ	11	12	10	12	45	3.8
第10位	銚子電気鉄道	8	13	9	13	43	3.6
第11位	わたらせ渓谷鐵道	11	11	10	10	42	3.5
同	JR大歩危トロッコ号	11	12	10	9	42	3.5
第13位	会津鉄道	11	10	10	10	41	3.4
第14位	天竜浜名湖鉄道	10	10	9	9	38	3.2
第15位	JRびゅうコースター風っこ	3	9	8	7	27	2.3

[採点方法]「車窓」「車両」「演出」「本物度」の4つの項目について、それぞれ5点満点で採点。「車窓」は沿線風景の迫力や風情、「車両」は客車の善し悪し、「演出」は車内アナウンスなどサービス面、「本物度」は、その路線の鉄道史的な背景とトロッコの原点に近いかどうか、3人の選者それぞれの立場から採点した。

今回、ベスト10の選定にあたっては、鉄道写真家、鉄道評論家、旅行ライターと、それぞれ立場の違う3人の専門家に採点をお願いした。

旅行者の視点に立って、ローカル線の旅の魅力を伝える旅行ライター・谷川一巳さんは、採点のポイントとして、「トロッコ列車の魅力は、車窓の景色と本物度で決まります」と語る。

鉄道評論家の川島令三氏も、鉄道写真家の真島満秀氏も、ピカピカに新調された「トロッコ」風には辛口だ。

そのためベスト10の上位は、古い貨物車を改造したタイプが目立った。

トロッコ列車の醍醐味は、トロッコの原点の匂いを感じさせるレトロな客車に乗り込む遊び心と、自然と一体になって走る爽快感にあるようだ。

真島満秀

1946年長野県生まれ。写真家。鉄道写真家の第一人者として、出版、広告、TVの世界で多彩に活動中。作品集から図鑑、絵本まで、著書多数。日本写真家協会会員。

真島満秀さんのベスト10

順位	名称	
第1位	南阿蘇鉄道	20
第2位	黒部峡谷鉄道	19
第3位	JR清流しまんと号	18
第4位	JR富良野・美瑛ノロッコ号	17
同	JRトロQ	17
第6位	嵯峨野観光鉄道	15
同	JR瀬戸大橋トロッコ号	15
同	島原鉄道	15
同	大歩危トロッコ号	15
同	わたらせ渓谷鐵道	15

鉄道写真の第一人者・真島氏は「本物度」にこだわる。「南阿蘇鉄道」にはオール5の最高点を付けた。

川島令三

1950年兵庫県生まれ。「鉄道ピクトリアル」編集部、参議院運輸委員会参与を経て、現在鉄道アナリスト。『東京圏通勤電車どの路線が速くて便利か』(草思社)他、著書多数。

川島令三さんのベスト10

順位	名称	
第1位	黒部峡谷鉄道	18
第2位	JR富良野・美瑛ノロッコ号	16
同	嵯峨野観光鉄道	16
第4位	南阿蘇鉄道	15
同	島原鉄道	15
同	JR瀬戸大橋トロッコ号	15
同	わたらせ渓谷鐵道	15
第8位	JR奥出雲おろち号	14
同	JR清流しまんと号	14
第10位	銚子電気鉄道	13

鉄道アナリストの川島氏は「車窓」＋「本物度」を重視。「トロッコ風」車両には採点が辛い。

谷川一巳

1958年横浜市生まれ。日本大学卒業。旅行会社勤務を経てフリーに。雑誌、書籍で世界の公共交通や旅行に関する執筆を行う.。著書『ローカル線こだわりの旅』(角川書店)他。

谷川一巳さんのベスト10

順位	名称	
第1位	南阿蘇鉄道	19
第2位	黒部峡谷鉄道	18
同	島原鉄道	18
第4位	JR富良野・美瑛ノロッコ号	17
第5位	嵯峨野観光鉄道	16
同	JR清流しまんと号	16
同	会津鉄道	16
第8位	JR奥出雲おろち号	15
同	JRトロQ	15
同	銚子電気鉄道	15

お座敷・トロッコ・展望車のユニークさで「会津鉄道」がベスト10入りしているのは、谷川氏のみの視点。

黒薙駅にある後曳橋は沿線で最も急峻な谷に架かる。高さ60m・長さ64mで、谷の深さに入山者が後戻りしたことから名付けられた。

第1位

富山

黒部峡谷鉄道

宇奈月→欅平 20・1km

黒部トロッコ電車

日本一の水力発電量を生む急流の谷間を走るトロッコ電車

黒部の大峡谷からの爽風が辺りをつつむ宇奈月駅。トロッコ電車の改札は、発車10分前なので駅前にある「黒部川電気記念館」で峡谷鉄道の歴史と自然を垣間見る時間もとれる。改札を入ると短いホームいっぱいに停まった、おとぎ電車のような客車へ乗客を駅員さんたちが案内している。和やかさとは対照的にバックヤードには貨物列車や作業員専用の客車が待機し、黒部を守る鉄道であることが伝わってくる。

車両編成について宇奈月駅駅員の吉田清一さんは次のように話してくれた。

「13両の客車を2両重連の電気機関車で引きます。運転手は1人。6両を1台の機関車引く場合もありますが1日に一本程度です」

開放感がある普通客車は、囲いを跨いで乗り込む。狭いベンチシートでガ

賢人たちはここに注目!

- ●ダム工事用に作られた路線なので山深く紅葉は絶景（谷川）
- ●本物のトロッコ路線だから車両も線路も本格的（川島）
- ●黒部の源流、秘境を味わえるのはこのトロッコ列車のみ（真島）

（上）山あいに見えるのは宇奈月温泉街で、温泉は黒薙から引き湯され共同湯や足湯などもある。（左）青森からトロッコ電車に乗りに来たという乗客に駅員さんが、客車や見どころなど親切に説明をしていた。

作業用の資材や働く人専用のダイヤも組まれ、型の変わった貨車などを見ることもできる。

黒部トロッコ電車・運行区間の駅

- 宇奈月
- 柳橋
- 森石
- 黒薙
- 笹平
- 出平
- 猫又
- 鐘釣
- 小屋平
- 欅平

写真はトロッコ列車らしい普通車両。欅平に向かって右側に見どころが多いので右端に人気があるが、鐘釣の万年雪は左側。水面と一番近くなるのが猫又駅付近。

鐘釣駅長の九里知文さん。狭い構内で乗客を誘導、列車の発着確認、観光案内など他のスタッフと息の合った勤務ぶりだ。

一般客は乗降できない発電所がある駅での電車のすれ違い。景色がいいので記念撮影をする姿が見られる。

ラス窓は無く、天井が低くて両側にクサリを掛けるが、目も眩むような谷底と見上げるような山を肌で感じることができるトロッコ電車らしい客車。

この鉄道の始まりは、黒部川の豊富な水量や急流に注目した電源開発のために敷設された狭軌の「黒部軌道」。難工事を経て大正15年9月に宇奈月～猫又間が開通。昭和5年に小屋平まで、昭和12年7月に欅平まで伸延され、電力会社の専用鉄道として開業した。次第に峡谷美を求める人々を便乗させるようになり、昭和28年に一般客を乗車の営業許可を取得。しかし、関西電力の1部門の「黒部鉄道」であって「黒部峡谷鉄道」として独立するのは昭和46年7月と18年後となる。

「関電の名残りとしてボルトとアンペアを組み合わせたマークが、客車に目立つようにつけられています」

と前出の吉田さん。

宇奈月駅から出発したトロッコ電車は、赤い新山彦橋を渡って迷うことなく深山の中へ進んでいく。車内放送の声に赤い帽子の仏石を谷間に探したり、「猿が渡るためのつり橋です」の説明に微笑みが交わされる。「絶景ですね、鱒寿司をどうぞ」など、見知らぬ乗客同士の会話が弾み谷底へ消える。

最初の停車駅黒薙は沿線で最も急峻な谷に架かる、後曳橋のたもとにあり、カメラを構える人も多い人気スポット。

「駅から20分ほど歩くと、江戸時代から続く黒薙温泉があります。途中の山道からは滝が見え、夏は緑のグラデーションが美しい素晴らしい森です」

こう話すのは駅員の山下裕史さん。

そんな折、電車の通る後曳橋を工事の人が歩いて渡って来る。山下さんはその姿を見て自然の厳しさを次のように話す。

「トロッコ電車を安全に運行し、お客様が通る道を整備するために気が抜けないのです。地中に染み込んだ水が冬に凍って、岩を浮かせたり割ったりするので補修仕事は際限がありません」

黒薙駅を出て後曳橋を渡った電車は、トンネルにさしかかり、汽笛を鳴

富山の名産といえば「鱒すし」。酢飯の上に鱒をのせた押し寿司で、笹の葉に包まれ香りが食欲を誘う。

宇奈月ビールは黒部の名水と地元産大麦100%。爽やかなクルシュ、フルーティなアルト、芳醇なホップの三種類。

座席の傍まで名産のお菓子や飲み物を売りにくるスタッフ。駅員さんと伴に手を振って見送ってくれるのが旅情を高める。

宇奈月駅の奥にある「やまびこ展望台」から見た新山彦橋が見える。沿線で最も長く166mあり、傾斜がついていて、列車の音が山彦となって温泉街に響くので名付けられた。

狭い運転席に窮屈そうに運転手さんは座って、1時間20分運転する。大きな扇風機が印象的。

線路のすぐ脇に現れる出し平ダム。最後部には車掌席に座る車掌さんの姿が見える。

鐘釣駅の傍に新しく作られた万年雪展望台。川へ向かってせり出す雪の力に圧倒される。

対岸に急峻で、雪に削られた斜面が見える鐘釣美山荘（☎0765・62・1634）の傍を電車は走る。

らして、連続するカーブに車体をキーキー軋ませて進んで行く。急峻な「ねずみ返しの岸壁」を過ぎ、猫又駅ですれ違いのため停車すると、一瞬あたりは静寂になり、次の瞬間湧くように野鳥の声が聞こえてきた。駅名の隣に発電能力が書かれた看板も立っている。

次の鐘釣駅もすれ違い駅。観光客人気の駅でもあり売店や軽食堂もある。

駅長の九里《くのり》知文さんによると、

「トロッコ電車は1運行に400人乗れます。紅葉シーズンともなると上下線で800人が一度にここで降りることもあり、お客様をお迎えするのが楽しみです。万年雪があり、温泉が湧いている黒部の自然が味わえる駅です」

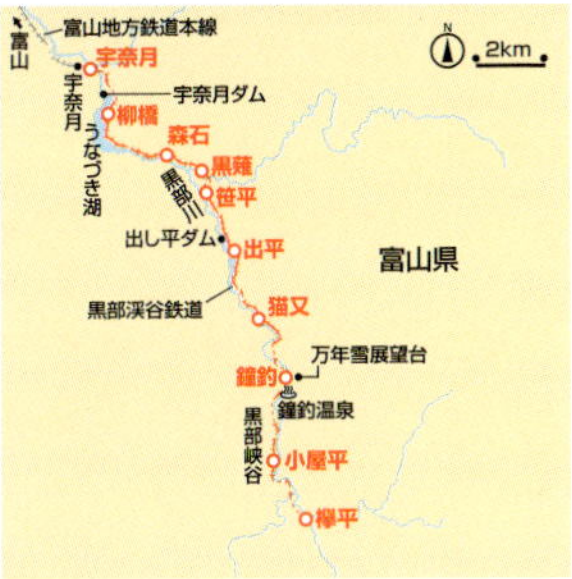

トロッコ情報

運転区間：宇奈月～欅平　片道20.1km　乗車運賃：1440円（全席指定）車両により車両券（360円～630円必要）運転期間：4月20日～11月30日（積雪状況による）　運休日：なし　開通：大正15年9月　問い合わせ先：黒部峡谷鉄道・営業センター　☎0765・62・1011　住所：富山県下新川郡宇奈月町483-4

 取材・文・撮影／進藤和子、撮影／レイルマンフォトオフィス

平均時速16km／h、最高速度25km／hで走るトロッコ電車。自転車の速度と同じほどというが体感速度は思ったより速い。

鐘釣駅では一旦バックして線路を変えての出発。ここから終点の欅平までは夏でも鳥肌が立つヒンヤリしたトンネルの区間。合い間にエメラルドグリーンの黒部川を見て進むと標高599mの欅平駅に到着する。標高差は224m。1キロで50m上がる急勾配の箇所もあり、カーブとトンネルの断崖絶壁の軌道を走る1時間20分はあっという間に過ぎる。

　便乗が始まった当初の切符には「安全は保障できません」と書かれていた事が、自動列車停止装置（ATS）がついた今も実感できる行程。昔人が、命と引き換えにしても、見たいと訪れた絶景は沿線に変わることなく残り、幽境へ誘うトロッコ電車は自然が織り成す風景の中を、ゆっくりとした時を刻むようにガタゴトと走っていく。

駅から5分ほどの所にある鐘釣温泉旅館には無料休憩所があり、お弁当を広げる人の姿も見える。☎0765･62･1103

鐘釣温泉の足湯（200円）。斜面を階段で下りると河原に露天風呂と岩風呂があり無料で温泉に入ることができる。

黒部峡谷鉄道で会えるさまざまな車両

パノラマ客車：天井部がガラス張りの客車で。1両しか在籍しておらず、特別車両と混成して1日3往復走る。

電気機関車：主力機関車はEDR型で重連で客車を引く。ローレル賞を受賞したHER型と合わせて14両在籍。

リラックス客車：乗客がゆったり座れるように座席が改良され位置が転換できる。5編成10両が在籍。

普通客車：開放型車両で8編成56両が在籍。大正12年製のいわゆる「トロッコ」も現役で活躍している。

ゴミ運搬貨車「峡谷美人号」：一般乗客用とは別に貨車も種々ある。自然保護のためゴミを運搬する貨車も活躍中。

特別客車：製造当初、開放型の車両しかなかったので特別車と呼ばれ、4編成24両が在籍。寒い時は暖房が入る。

第2位

熊本

南阿蘇鉄道

ゆうすげ号

立野→高森　17・7km

世界最大の阿蘇山の火口原を軽やかに愛らしく駈ける

立野駅にある運行を知らせる看板。風と予約状況によって運休になる場合も。運行に影響する風かどうかは現場の判断。

（右）立野駅にて。団体はバスで来るが、家族連れだと接続するＪＲ豊肥本線をよく利用する。
（左）この日のスタッフ。左から古澤さん、車掌補佐の下田さん、運転士の土田さん。

全長わずか17・7km（立野～高森）。南阿蘇鉄道は、30分もあれば乗り切れるささやかな路線だ。しかしバックグラウンドは凄い。世界最大のカルデラ火山・阿蘇山である。阿蘇五岳をぐるりととり囲む外輪山の周内の東西直径約18キロ、南北約23キロの火口原（カルデラ）、つまりその大高原の雄大さを友としつつ走る高原列車なのである。

となると30分は少々短かい。そこで昭和61年に登場したのが、トロッコ列車「ゆうすげ」号だ。時速23キロ前後、高原で見かける牛の歩みほどにぼちぼちと。車窓を風景画に変えてくれる。

出発駅は、外輪山の外側の麓にある立野がいい。まさに大草原へのとば口。前後に愛らしいミニ機関車を連結したトロッコ列車が満を持して待ってい

賢人たちはここに注目！

- ●阿蘇のカルデラ内を走る最もトロッコらしいトロッコ列車（谷川）
- ●貨車改造車両だからこそ本物に近い。阿蘇の山並もいい（川島）
- ●雄大な大地を行く、かわいい機関車とトロッコ車両が魅力（真島）

立野橋梁（立野～長陽）を渡る立野行きのトロッコ列車。１３時３２分の高森発には、普通車両に乗りたいという乗客のため１両が後尾に接続される。

加勢〜阿蘇下田城ふれあい温泉間を走る。阿蘇五岳の山並みが美しい。一帯は火口原の南側で「南郷谷」に呼ばれている。いかにも幽玄な名だが、実際はとにかくだだっ広い。

ディーゼル機関車の運転席。小さいだけに馬力がないのが難点だが、馬力のある新型の購入が決まっている。

一般車両の運転席。ワンマンである。ダイヤは立野で接続する豊肥本線に合わせて組まれている。

沿線の案内や南阿蘇鉄道に関する逸話を適宜にアナウンスする古澤さん。車内には雨用に傘も用意されている。

ゆうすげ号・運行区間の駅

- 立野
- 長陽
- 加勢
- 阿蘇下田城ふれあい温泉
- 南阿蘇水の生まれる里白水高原
- 中松
- 阿蘇白川
- 見晴台
- 高森

た。唯一の有人駅、高森駅の駅長・古澤敬一さんによると、

「メルヘンチックな列車だから開業当初は子供さんが多いかと思いきや、大人の方がほとんどでしたね」とか。この日も子供以上に大人たちがはしゃいでいた。

いざ出発。短いトンネルを抜けたら、地球の裂け目の上空にいた。歓声をあげ身を乗り出す大人たち。このあたりは外輪山唯一の切れ目である立《たて》野《の》火《か》口《こう》瀬《せ》といわれ、カルデラの川が集まり大峡谷をなし、熊本平野へ流れ出している。その白川に架かる鉄橋は64・5メートルの高さ。涼気も一気に高まる。渡り終えると全長903mのトンネルへ。抜ければあとは緑の絨毯の世界である。

青々とした大草原を、右に外輪山、左に阿蘇五岳を望みながら悠々と走る。草の匂いを含んだ大気のみずみずしさにはため息が出るばかり。

「やっぱり阿蘇の風景に支えられていますね」と古澤さん。実はこの日の車掌兼ガイド役でもあった。同鉄道の職員数はJR九州のOBを中心に13人。少人数ゆえ何役もこなすが、それを楽しんでいる様子さえあった。

「時間があったらぜひ1日フリー乗車券（千円）を買って、各駅で降りなさるとよか。阿蘇が自然の宝庫だと実感してもらえるはずです」とは同乗していた車掌補佐の下田玲子さん。

こうしてあっという間に終点高森へ。折り返しは、レールバスといわれる一両列車に乗った。

「うちはトロッコで持っているようなものですから」

と古澤さんが言うだけあって、乗客もまばら。しかし真価は普段にある。丁寧な運転だった。老運転士が沿線の子供に手を振っていた。いい風景だ。また乗りに来たいと思った。

白川渓谷に架かる第1白川橋梁（立野〜長陽）を最終行で渡る。迫力ある景観だけに、沿線中最大の見所となっている。

高森駅から徒歩１０分の高森湧水トンネル公園。鉄道が通る予定だった未完のトンネルを活用したもの。

阿蘇下田城ふれあい温泉駅にある温泉。城に温泉。欲張った駅である。２階はさらに欲張って展望室がある。

阿蘇下田城ふれあい温泉駅近くには、この地の領主だった下田氏の居城跡があるため、駅舎も城の形をしている。

高森駅にて出発を待つ。唯一の有人駅だけに出発に際しては駅員が見送る。トロッコの車両基地でもある。

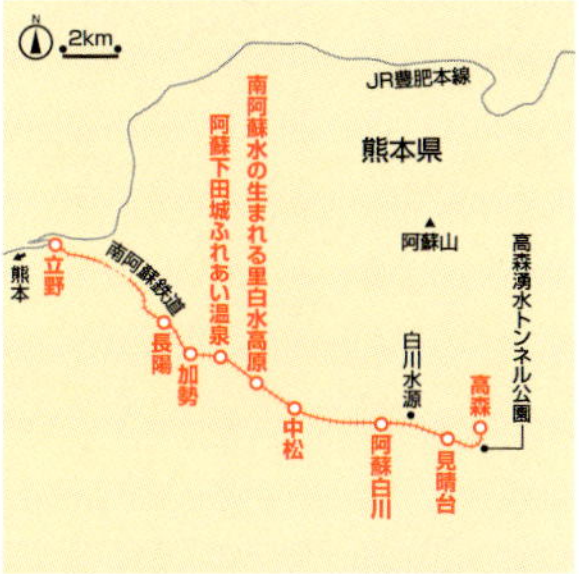

トロッコ情報

運転区間：立野〜高森　片道17.7km　乗車運賃：670円（先着順）　運転期間：3月19日〜11月19日の土・日・祝。毎日運転3月26日〜4月7日、7月21日〜8月31日（運転期間は毎年変わる。毎日運転は春休み、夏休みに合わせて）　開通年：1986年7月　問い合わせ先：南阿蘇鉄道株式会社　☎0967･62･0058　住所：熊本県阿蘇郡高森町高森1537-2

長陽〜加勢間を走る。隣県宮崎には高千穂鉄道があり、南阿蘇鉄道と併せて楽しむファンも多かった。現在高千穂鉄道は休業中。

 取材・文・撮影／小泉英司　撮影／栗原隆司、レイルマンフォトオフィス

第3位

北海道 富良野・美瑛ノロッコ号

JR北海道・富良野線

旭川→富良野 54.8km

清涼な空気と甘い香りに誘われて、紫に染まった丘をのんびりめざす

石炭をくべて使う昔懐かしいダルマストーブはノロッコ列車の名物。9月に入ると実際に暖房として活躍する。

先頭のディーゼル車にはラベンダーの丘が描かれ、旅の気分を盛り上げてくれる。十勝岳を背にしてひた走る。

あたり一面の田園に草原、パッチワークの丘、十勝岳連峰など、雄大な北海道らしい車窓風景が乗車の間中続く。

賢人たちはここに注目!

●ラベンダーが咲き、大雪山の雪が残る6月の車窓は爽快（谷川）
●セミオープン車両から北海道の雄大な景色を満喫できる（川島）
●色鮮やかな丘の間を駆け抜ける。北海道の風を堪能できる（真島）

富良野・美瑛ノロッコ号運行区間の駅

- 旭川
- 西神楽
- 美瑛
- 美馬牛
- 上富良野
- ラベンダー駅
- 中富良野
- 富良野

空の青が目にまぶしく光る、気持ちのよい朝10時3分。旭川発、富良野・美瑛行きのノロッコ号に乗り込んだ。乗車席は4人掛けの木製テーブルに椅子、天井の梁からさがるランプがあり、昔ながらの情緒を色濃く残している。1号車は窓に面してベンチシートになっており、石炭式のだるまストーブもある。

ノロッコ列車の歴史は「旧国鉄」から「JR北海道」へと移行した平成元年にさかのぼる。

「〝日本一おそい列車〟をキャッチフレーズにデビューしたのが「くしろ湿原ノロッコ号」で、ノロッコ列車の第1号です。平成11年に新型車両を導入した富良野線も今や日本全国だけでなく、台湾や中国からも観光客が訪れる人気路線になりました」（JR北海道旭川支社の東靖之さん）

十勝岳連峰と田園風景を望みながら千代ヶ駅を過ぎる頃、列車は山間に入りながら時速30キロメートルの徐行運転―ノロッコ運転―に切り替わった。列車はガタンゴトンと大きな音をたて、上下左右に揺れながらゆっくり進んでいく。本日の気温は28度。汗が全身に滲んでくるものの、全開の窓から森の匂いを含んだ気持ちよい風がひっきりなしに吹きつけるので、なんとも爽快な気分。そこへ1号車に添乗しているノロッコアテンダント・阿部友恵さん

夏は窓を開け放ったオープンカースタイルに。清涼な風をダイレクトに受けながら、のどかな田園風景を楽しめる。

夏だけの臨時停車駅「ラベンダー駅」。下車するとすぐ右手にラベンダーの丘が見え、歩いて7分ほどで富田ファームに到着する。

一面紫の丘になるラベンダー畑が有名な富田ファーム。その横には赤や黄色、白の花が層になった花畑も美しい。☎0167-39-3939

各地で活躍するノロッコファミリー

JR釧網線 流氷ノロッコ号

オホーツク海の冬の風物詩として知られる流氷を車窓から眺めることができる。運転区間：網走～知床斜里　片道37.3km　乗車運賃：810円　運転期間：2月1日～3月23日頃まで。開通年：1999年2月　問い合わせ先：ＪＲ北海道釧路駅☎0154・22・4314

JR釧網本線 くしろ湿原ノロッコ号

ノロッコ号の第1号として活躍する名物列車。釧路湿原駅から絶景スポットまでは徒歩約10分。運転区間：釧路～塘路　片道27.2km　乗車運賃：530円　運転期間：7月1日～9月26。開通年：1989年6月　問い合わせ先：ＪＲ北海道釧路駅☎0154・22・4314

美瑛町に広がるパッチワークの丘や森、花々の間をゆっくりとひた走るノロッコ列車。「ノロッコ列車」とは、のろのろ運転とトロッコ列車の造語だ。

記念にもらえる「乗車証明書」と切符。ラベンダーフリーパス（2200円）を購入すると何度も乗降できて便利。

（左）富良野駅で販売中の「ふらのとんとろ丼」980円と、ノロッコ列車内でも買える「上ふらの地ビール」500円。（右）車窓から見える丘や木々など、見どころを紹介するノロッコアテンダント・阿部友恵さん。

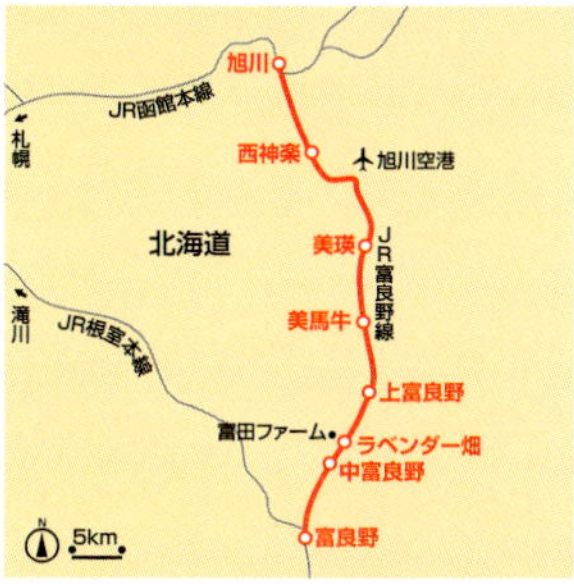

トロッコ情報

運転区間：旭川～富良野　片道54.8km　乗車運賃：1040円（指定席は300円追加）　運転期間：6月3日～8月31日の毎日、9月2日～10月29日の土日祝日　運休日：なし　開通年：1998年7月　問い合わせ先：ＪＲ北海道旭川駅　☎0166・25・6736　住所：北海道旭川市宮下通8丁目

が車窓の見どころについて丁寧にガイドしてくれた。

「右に見えるのがマイルドセブンのCMに使用された丘、マイルドセブンの丘です。美馬牛駅を過ぎると左手に写真家・前田真三氏の写真にも登場する小学校が木々の間から見えます。赤く可愛らしいとんがり屋根が周りの緑に映えてきれいですね」

言われるがままに視線を移しながら列車はのんびり進み続け、臨時駅「ラベンダー駅」に到着。ここでほとんどの乗客が一斉に降り、ラベンダーで有名な富田ファームをめざす。

風景に心を奪われるうち、自然と頬も緩んでくるノロッコ列車。花も緑も一斉に輝やく夏を堪能できる路線である。

取材・文／金繁美由紀　撮影／原田直樹、真島満秀、佐々倉実、レイルマンフォトオフィス

第4位

京都 嵯峨野鉄道観光

ロマンチックトレイン嵯峨野

トロッコ嵯峨→トロッコ亀岡 30.5km

四季折々の大自然を借景に走る京の名物列車

トロッコ列車の始終着駅となる嵯峨駅。土産店や喫茶店もあるので、列車が出発するまでゆっくりとくつろげる。

賢人たちはここに注目!

- 不用になった路線がトロッコ列車の運行で蘇った（谷川）
- 景色がいい。露雨の保津峡は墨絵のような眺め（川島）
- 保津峡が風光明美。亀山駅に向かって左側の席がおすすめ（真島）

ロマンチックトレイン嵯峨野運行区間の駅

- トロッコ嵯峨
- トロッコ嵐山
- トロッコ保津峡
- トロッコ亀岡

ザ・リッチ号の後ろは見晴らし抜群だ。

保津川やトロッコ列車の説明を中心に、時には歌も聴かせてくれるなど、乗客を和ましてくれる車掌さん。

駅構内ではアイスクリームやコーヒーなども販売している。販売員さんの元気のいい掛け声が聞こえる。

今では貴重となったタブレットを持つ車掌さん。これを受け取ると出発できる、通行手形のようなもの。

嵯峨駅と亀岡駅を結ぶ全長7・3kmの嵯峨野観光鉄道。元々はJRの旧山陰本線として使用され、急峻な保津川の渓谷に沿って丹波に抜ける山陰本線屈指の難所として知られていた。

「1989年（平成元年）に行われた電化工事によって、直線的な新ルートが設けられました。そのため、この区間だけが廃止に追い込まれたのです。あとには素晴らしい渓谷美が残されました。これを観光に役立てられないかと考えられたのが、旧線を利用したトロッコ列車の運行だったのです」

日本の鉄道史に詳しい旅行作家の原口隆行氏が、由来を説明してくれた。

始発駅から終着駅まではおよそ25分。トロッコ嵐山駅を抜けると左手に保津川が現れ、その後は珠玉の景観をバックに、古びた鉄橋やトンネルを通って亀岡駅に到着する。走行中、今では珍しいディーゼル機関車ならではの揺れ、車掌による冗舌でユニークな話が、旅情をよりかきたててくれるのが嬉しい。しかも時速20km前後の速度で走るため、ゆっくりと保津川沿いの景色が眺められるのだ。

「春は桜が咲き乱れ、夏は深緑によって納涼が味わえ、秋はシーズン真っ只中の紅葉が楽しめます。冬の運休期間を除き、一年を通して様々な表情を見せてくれるのも特筆すべき点です。（前出・原口氏）

レトロな雰囲気あふれる車両にも注目したい。計5車両ある中でも、赤と黄色を基調としたアール・デコ調デザ

（右）お客同士のお喋り、絶好のビューポイントでの車掌との記念撮影など、観光列車らしい和やかなムードがあふれる。（左）ザ・リッチの床は格子状で、足元から風が吹き上げてくる。そういった臨場感が楽しめるのもこの車両ならでは。

渓谷沿いにゆっくりと走るトロッコ列車。深緑と保津川も重なり合い、他ではなかなかお目に掛かれない景色が広がっている。

（上）船頭や船待ちたちによって、バランスを保ちながら保津川を下る。落差2mもの激流を下る時はスリル満点！（左）保津川下りの終点、嵐山に到着する手前、みたらし団子やイカ焼などを販売する屋台船が近づいてくる。

（右）絶景を背に立つ保津峡駅。保津川の渓谷美が目の前で見られるので、ハイキングなどに訪れる方が多いとか。（左）亀岡駅にある信楽焼のたぬき像。縁起ものとして作られ、今は同駅のマスコット的存在に。

インの「ザ・リッチ」がおすすめだ。

「この車両は窓を取り払ったほか、床を格子にしていますから、横からも下からも気持ちのいい風が入ってきます。〝雨が降ったらズブヌレですぅ〜〟とアナウンスしていますけど、お客様はどんな天気でも楽しんでおられます」と車掌の谷本巌さん。

終点に着けば、そのままトロッコ列車を利用して嵯峨駅まで引き返すのもいいが、やはりこちらのもうひとつの名物、保津川下りを体験して欲しい。嵐山へと向かう約16kmの船下りで、深淵の緩やかな流れやスリル満点の激流を、およそ2時間たっぷりと堪能できる。

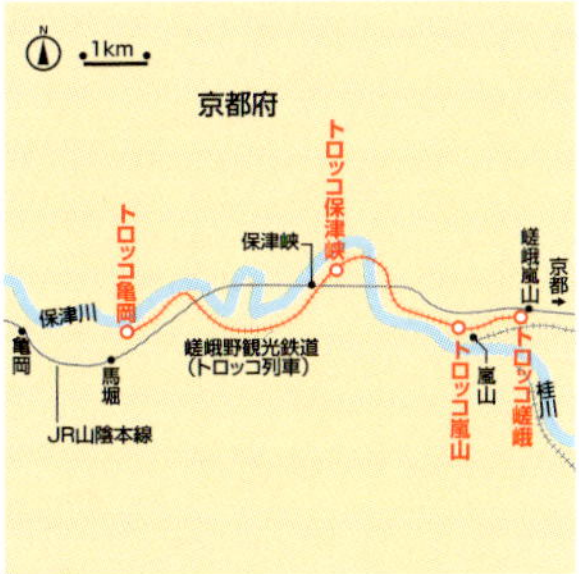

トロッコ情報

運転区間：トロッコ嵯峨〜トロッコ亀岡　走行距離：7.3km　乗車運賃：600円（全席指定）　運転期間：3月1日〜12月29日　運休日：水曜（祝祭日の場合は運行。観光シーズンの水曜は運行）　開通年：1991年4月　問い合わせ先：嵯峨野観光鉄道株式会社　☎075·861·7444、住所：京都市右京区嵯峨天龍寺車道町

 取材・文／黒田祥平　撮影／中村光明

第4位
(同点)

長崎 島原鉄道

島原～深江 9.1km

島鉄ハッピートレイン

復興の願いを込めたトロッコ列車 今日も元気に雲仙岳を仰いで走る

「全国からたくさんの義援金や援助物資をいただき、お礼の意味も込めて務めさせてもらっています」と語り部の長谷川さん。

トロッコ客車は旧国鉄の貨車を改造したもの。全長は普通車両のほぼ半分と愛らしい。

島鉄ハッピートレイン運行区間の駅

- 島原
- 島鉄本社前
- 南島原
- 島原外港
- 秩父が浦
- 安徳
- 瀬野深江
- 深江

トロッコ列車を牽引するディーゼル車のエンブレム。車体側面の様々な絵柄も楽しい。

普賢岳を背景に安新大橋を渡る。島原～深江間は20分少々。短い区間だが、変化に富んだ風景が続き、飽きさせない。

島原半島の中央にそびえる雲仙岳。その主峰・普賢岳が平成2年噴火して早いもので16年近くが経つ。有明海～島原湾岸沿いを走る島原鉄道も、土石流などの被害で不通や区間運転を余儀なくされ、ふたたび全線が通じるのは平成9年のこと。それを機に災害復旧を願う観光トロッコ列車「島鉄ハッピートレイン」が走り始めた。現在期間中（3月25日～11月30日）は毎日島原～深江間を往復する島原の元気モンである。

トロッコ列車には「語り部」と呼ばれるボランティア・ガイドが同乗し、島原の歴史や見どころ、当時の被害状況などを語る。その一人、長谷川重雄さんはかつて避難生活を送った被災者である。

「当時は苦しめられましたけど、島原は豊富な湧き水や温泉など火山の恵みなしには語れません。それに歴史もありますからゆっくりのんびり楽しんでいただければと思っています」

島原～深江間は20分少々、往復で約1時間の島原遊覧である。

島原を発して2駅目の南島原は車両基地。国鉄時代の色合いをとどめたキハ20系などレトロな車両を見ることができる。同駅を出ると左手に島原湾が広がり、晴れた日には阿蘇中岳までも望めるとか。最大の呼び物はやはり、右手にそそり立つ火山活動でできた平成新山と普賢岳である。

車掌の本村謙太さんによると、島原外港駅～水無川間は線路埋没のため6mほど高く再敷設されたという。

「高くなったぶん、それまで見えなかった景色も見えるようになりました。風も以前に比べて心地好く（車内に）吹き込んできますよね」

安徳～瀬野深江駅間がもっとも罹災した地域である。長谷川さんの語り口にも熱がこもる。

とはいえ、現在その爪痕は指摘されないとわからないほど緑に覆われ、再生している。単なる観光客としては、島原の生き生きとした夏の情景が目に焼き付いた。

トロッコ列車の車内。島原外海港駅辺りまでは田園地帯を走る。

南島原駅近くの船溜まりを行く。右手の島原湾（少々離れている）の干満に従うので、満潮時が絵になって風情豊か。

トロッコ列車の乗車券。1日3便。基本的には予約制だが、席が空いていれば、当日窓口で買える。

松倉重政が7年の歳月を費やして築城した島原城。キリシタン迫害の城としても知られる。島原駅から徒歩10分。

ハッピートレインの始発、島原駅。トロッコ客車は、島原駅～深江駅間（9.1km）で運行されている。

島原鉄道は九州でも有数の海列車である。とりわけこの古部（こべ）駅は、線路際の堤防の下がもう海である。

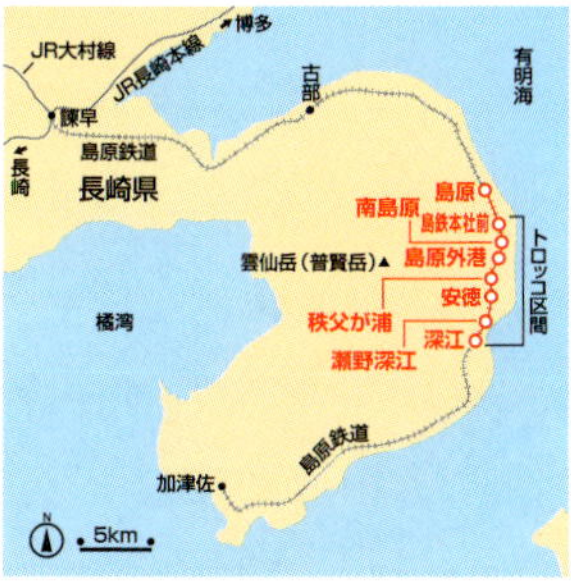

トロッコ情報

運転区間：島原～深江　片道9.1ｋｍ　乗車運賃：500円（全席指定）　運転期間：３月25日～11月30日　運休日：台風時など　開通年：1997年４月　問い合わせ先：島原鉄道株式会社観光トロッコ列車予約センター　☎0957･62･4705　住所：長崎県島原市片町586―1　アクセス：ＪＲ諫早駅から島原鉄道に乗り換えて、島原駅下車

賢人たちはここに注目！

●噴火による被災からの復興で社会勉強ができる（谷川）
●夏の暑い日に芋焼酎片手に乗るのがおすすめ（川島）
●この列車のハイライトは眼前にそびえ立つ雄々しい普賢岳だ（真島）

のどかな漁港の風景は災害の記憶を忘れるほど。郷愁を誘う景色に年配の客たちから感嘆の声があがった。

取材・文・撮影／小泉英司　撮影／結解 学、レイルマンフォトオフィス

第4位（同点）

高知→愛媛　JR予土線　土佐大正→江川崎（1号）　27.6km

清流しまんと号

地元客との触れ合いも楽しい　JR初のトロッコは素朴な貨物改造型

清流しまんと号（1号）運行区間の駅

- 土佐大正
- 土佐昭和
- 十川
- 半家
- 江川崎

賢人たちはここに注目！

●定期列車にトロッコ車両連結のため地元民と触れ合いも（谷川）
●元祖トロッコ列車。そのボロさがいい。景色もいい（川島）
●JRトロッコ貨車の元祖。景色+リズミカルな走行音！（真島）

伊予（現在の愛媛県）と土佐（現在の高知県）を結ぶため「予土線」と呼ぶ。四国南部を走り、太平洋でも眺められるかと思うが、実際は四万十川に沿う深い山を貫く路線である。四万十川には沈下橋という欄干のない橋が多く、増水時に水没することを前提にし、欄干にかかる水圧で橋が流されないようにした橋、自然の力に逆らわずに共存するわけだ。車窓からも沈下橋が眺められ、四万十の自然が堪能できる。

トンネルを抜けると通り雨、車内にも雨が吹き込んできたが、車掌さんがテーブルに貯まった水を窓拭き用ワイパーで手際よくバケツに集めてくれた。「この沿線は急な雨も多く、バケツとワイパーはトロッコの必需品です」

何よりも手作りの雰囲気がいい。

またこの列車の魅力のひとつに、JRで唯一、定期列車にトロッコ車両を連結しているという特徴がある。つまり一般車両に戻れば地元客とともに旅ができる。ほとんどのトロッコ列車が観光専用列車である点と異なる。

この「清流しまんと号」はJRではじめてのトロッコ列車で、2軸貨物車改造の純然たるトロッコ車両で運転される。曜日などによっては「大歩危トロッコ号」などと同じ車両で、「四万十トロッコ号」として運転される。

四万十川は進行方向右に左にを繰り返すので、乗客も揺れる車内で右へ左へと忙しい。

獲れたての生カツオを使った、わら焼き100%のたたき作りは豪快そのもの（4月～10月限定）。「黒潮工房」☎0889・40・1160

中土佐町の宿「黒潮本陣」に併設されている「黒潮工房」では、かつおタタキの手作り体験ができる。

沿線は沈下橋が多く見られることでも有名。欄干がないというところに注目しよう。古人の知恵のたまものである。

トロッコ情報

運行区間：JR予土線、土佐大正駅～江川崎間（下り）27.6km　十川駅～土佐大正駅間（上り）13.4km　乗車運賃：座席指定券310円（運賃は区間による）　運転期間：春休み、夏休み、GW期間、秋の行楽シーズンの土・日、祝　問い合わせ先：JR四国　☎087・825・1635

約30キロの間にトンネルを出ては蛇行する四万十川を渡っての繰り返しで旅人の目を楽しませてくれる

撮影／結解 学、藤原嗣治、貝原弘次

「奥出雲おろち号」は客車とトロッコ各１両をディーゼル機関車が引いて中国山地の野山をゆっくり走る。

第7位

島根→広島 JR木次線 木次～備後落合 60・8km

奥出雲おろち号

3段式スイッチバックで中国山地をよじのぼる森林浴路線

亀嵩駅は駅がそば屋！　無人駅だが、駅業務はご主人に委託されている。この駅は松本清張の「砂の器」に登場。

トロッコ車両からの眺めはまさに森林浴気分、内装もウッディーな感覚でまとめられている。

トンネルに入ると、トロッコ車両の天井に八岐大蛇のイルミネーションが浮かび上がる。

奥出雲おろち号・運行区間の駅

- 木次
- 日登
- 下久野
- 出雲八代
- 出雲三成
- 亀嵩
- 出雲横田
- 八川
- 出雲坂根
- 三井野原
- 油木
- 備後落合

トロッコ情報

運行区間：JR木次線　木次駅～備後落合駅　60.8km　乗車運賃：座席指定券510円（運賃は区間による）　運転期間：土、日、祝、ゴールデンウィーク及び夏休み、紅葉期、1日1往復　問い合わせ先：JR西日本　☎0570・00・2486

亀嵩駅の「扇屋そば」はトロッコ列車の到着に合わせて「持ち帰りそば弁当」としても売られている。

賢人たちはここに注目！

- 数少ないスイッチバックが見どころ（谷川）
- 最大3時間の乗車でもエアサス付きの車両で疲れない（川島）
- 出雲坂根駅のスイッチバックと延命水は見逃せない（真島）

木次《きすき》線は中国山地を行く典型的なローカル線である。以前は広島と山陰を結ぶ役割があり、急行列車も走っていたが、現在はその使命は高速バスに替わり、木次線は終日レールバスのみで運転、急行列車などもなくなった。そんな木次線を中国地方唯一のトロッコ列車が走る。

「見せ場は出雲坂根～三井野原間の3段式スイッチバックです。お勧めは下り列車乗車で、そうするとスイッチバック区間で勾配を登る方向になります」（鉄道写真家の佐々倉実さん）

出雲坂根に到着すると800メートルほど山裾をバック、再び向きを変えて中国山地の山懐にへばりつくように勾配をよじ登る。やがて視界が広がると、並行する国道314号線の「奥出雲おろちループ」と呼ばれる螺旋状の国道が車窓から見渡せる。

出雲坂根駅にはホームの端に湧き水を利用した延命水があり、こちらもわずかな停車時間であるがぜひとも試してみたい。

　撮影／レイルマンフォトオフィス

（上）トロッコ列車は吊橋、斜張橋、トラス橋からなる6つの橋を渡る。眺めとともに日本の土木技術にも感心する。（下左）両側の景色が海というのは爽快、ただしこの路線は快速、特急などが行き交う過密ダイヤのため、あまりノロノロ走れないのが残念。（下右）床に何とガラス張りの部分が！　真下の海が見下ろせてしまう。ちょっと怖い？

第8位

JR瀬戸大橋線（～予讃線～土讃線）

瀬戸大橋トロッコ号

児島→琴平　36・2km

眼下に穏やかな瀬戸内海が。島から島へと渡る爽快な海列車

世界でも珍しい海を渡る鉄道をトロッコ列車で楽しめる。瀬戸大橋は道路と鉄道の併用橋で、上階が自動車、下階が鉄道、いわば鉄道はガード下のような部分を走るが、どうしてどうして鉄道からの眺めはよく、なんといっても海面からの高さがあり、列車の右も左も海というのは圧巻である。橋はいくつかに別れていて、島伝いに進むが、フェリーや漁船、貨物船が行き交う瀬戸内海を一跨ぎする列車というのが痛快である。

「お薦めは最も遅い時間を走る〝瀬戸大橋トロッコ3号〟で、太陽が傾き、瀬戸内海の島々がシルエットになる時間帯はポスターのような光景が展開します」（鉄道写真家の佐々倉実氏）

思わず「瀬戸の花嫁」を口ずさみたくなる。なお注意点としては、穏やかな日であっても、海上ゆえに風が強いほか、列車もけっこうスピードを出す。帽子などを飛ばされないように。

トロッコ情報

運行区間：JR瀬戸大橋線（～予讃線～土讃線）児島～琴平36.2km　乗車運賃：座席指定券510円（全車全区間指定席）　運転期間：7月22日～8月27日の土・日　問い合わせ先：JR四国　☎087・825・1635

第8位（同点）

JR九大本線

トロッコ列車「トロQ」

由布院→南由布院　3・4km

走行区間は1駅と短いが雄大な由布岳を背景に走る本格派

九州の人気スポット湯布院を走るが、変わった素性のトロッコ列車で、景色を眺めるために運行をはじめたのではない。由布院市街地への自家用車乗り入れを緩和するため、南由布駅前に駐車場を設け、南由布駅と由布院駅を往復する列車として旅行シーズンに運転されることになったが、由布岳などの車窓も楽しんでもらおうということからトロッコ列車が使われているのだ。

そのためたった1駅間の運行で、所要時間はわずか8分、トロッコ列車とはいえ、指定席券などは不要で、運賃（200円）だけで乗車できる。

「使われている車両は、2軸貨物車を改造したトロッコ車両で、線路のつなぎ目では直に振動が伝わってくる正真正銘のトロッコです。乗車時間は短いものの、トロッコらしい乗り心地が体験できるほか、由布岳の眺めはすばらしい」と九州在住の鉄道写真家の栗原隆司氏は評価する。

トロッコ車両だけで3両連結。貨物車を改造した車両のため、ガラガラと音をたてて走る。

緑一色のトロQ列車に乗車。由布院駅のホームには足湯もあるので乗車前に立ち寄ってみたい。

沿線のハイライトはなんといっても由布岳。鉄道写真の撮影ポイントとしても有名である。

トロッコ情報

運行区間：JR久大本線　由布院～南由布院　3.4km　乗車運賃：全車自由席、区間運賃200円　運転期間：7月～11月までの週末、1日5往復　問い合わせ先：JR九州大分支社営業課　☎097・538・2957

撮影／レイルマン・フォトオフィス、栗原隆司

第10位

銚子電気鉄道
澪つくし号
銚子→外川　6・4km

定期列車に連結されて素朴なトロッコがのんびり走る

JR総武本線の終点銚子から外川まで、6・4キロを走るミニ私鉄のトロッコ列車で、銚子がNHKの連続テレビ小説「澪つくし」の舞台だったことから命名された。

「特別に車窓にハイライトがあるわけではないのですが、のどかなローカル風景が続きます。しかし車両は2軸の貨物車両を改造したもので、まさにトロッコと言えるでしょう」（鉄道写真家の佐々倉実さん）

その本格的なトロッコに東京から日帰りで乗れるというのが嬉しい。特別な切符も不要で、全線乗っても運賃は310円、さらに1日乗車券が620円なので、トロッコに乗車、帰りは気の向いた駅で途中下車しながら戻ってくるというのもご機嫌である。東京からJR「青春18きっぷ」を使った日帰り列車旅にも最適だろう。雨天は運転されないので、天気予報をよくチェックして計画を立てる必要がある。

トロッコ列車以外も愛らしい電車で運転。東京の地下鉄丸の内線車両もここで余生を送っている。

トロッコ情報

運行区間：銚子電気鉄道　銚子〜外川　6.4km
乗車運賃：座席指定はなし。区間運賃200円　運転期間：4月23日〜10月9日まで。毎週日・祝
問い合わせ先：銚子電気鉄道株式会社　☎0479・22・0316

犬吠埼のあたりに差しかかる頃ともなると潮の香が車内にも入ってくる。

他にもまだある 全国のトロッコ列車

わたらせ渓谷鉄道
トロッコわたらせ渓谷号　大間々→足尾
35.5km

旧国鉄足尾線のわたらせ渓谷鉄道はJR両毛線桐生から枝分れする盲腸線。足尾銅山閉山以降過疎化が進んでいるが渡良瀬川に沿う車窓を活かしてトロッコ列車を運行、東京からの日帰り旅にも最適。

トロッコ情報／運賃の他、整理券片道大人500円。4月下旬〜11月の土・日・祝運行。問い合わせ先：わたらせ渓谷鉄道　☎0277・73・2110

JR四国　土讃線
大歩危トロッコ号
阿波川口→大歩危
10.4km

吉野川の上流、大歩危小歩危渓谷を走るトロッコ列車で、毎年、夏には運転されず、新緑の春や紅葉の秋に運転される。渓谷にへばりつくような土讃線、両側は急峻な山地、渓谷には川下りの船…。

トロッコ情報／運賃＋座席指定券310円。4月、5月、10月、11月の週末を中心に運行される　問い合わせ先：JR四国　☎087・825・1635

会津鉄道
会津浪漫号
会津若松→会津田島
45.1km

略して「お座トロ展望車」と呼ばれる車両で運転。お座敷車両、トロッコ車両、展望車両の3両連結で、好みの車両を選ぶことができる。東京からだと新宿発の東武鉄道乗り入れ特急を使うと便利。

トロッコ情報／普通運賃＋トロッコ整理券300円。6〜9月（8月13日〜20日は連日）問い合わせ先：会津鉄道本社　☎0242・28・5885

JR東日本
びゅうコースター「風っこ」

「風っこ号」は、運転線区は決まっておらず、JR東日本のさまざまな路線に神出鬼没のトロッコ車両である。この夏でいえば、主に仙山線を「風っこ山寺芭蕉号」として運行予定。

トロッコ情報／東北を中心に、季節によりJR東日本のさまざまな路線で運行される。時刻表での確認が必要。問い合わせ先：JR東日本の各みどりの窓口へ

天竜浜名湖鉄道
トロッコ列車そよかぜ
天竜二俣→三ケ日
30.6km

旧国鉄二俣線を引き継いだ天竜浜名湖鉄道のトロッコ列車。浜名湖の北側を眺められる。東海道本線をバイパスするような路線で、途中下車可能な割引切符「みちくさきっぷ」でぶらりと乗ってみたい。

トロッコ情報／普通運賃＋大人片道400円。4月1日〜11月5日の毎日　問い合わせ先：天竜浜名湖鉄道　☎0539・25・6125

撮影／真島満秀写真事務所、レイルマンフォトオフィス、佐々倉実

特集

ローカル線で

ゆっくり列車に乗って、ゴトンゴトン……。
まばゆいばかりの緑の景色が車窓を流れてゆきます。
辿り着いた駅では、秋を目前にした
今の時期だから味わえる「旬」の食べ物や、
「旬」の情景が、あなたを待っています。
そんなローカル線ならではの旅の愉しみを
日本全国26プラン、ご紹介いたします。
鉄道の旅の面白さは、時刻表をあらかじめ調べて、
自分にあったプランを作ることにあります。
そのヒントになるモデルケースを
ご用意しましたので、うまく利用して
あなた自身の旅に、ぜひお役立てください。

ゆったり、「旬」の旅へ

1 【関東】小湊鉄道・内房線・外房線

東京湾の地魚を回転寿司で！

2 【東北】五能線

新車両「くまげら」でゆくリゾートしらかみの旅

3 【南紀】紀勢本線

途中下車して、世界遺産の地熊野で川下り

4 【山陰】山陰本線

今年最後か!? 大鉄橋を列車で渡る

5 【九州】久大本線・豊肥本線

湯布院、別府、黒川、九州三大温泉めぐり

撮影／真島満秀写真事務所

旬の旅プラン 1

きらめく青波と新緑、獲れ立ての海の幸と出で湯を味わう、房総の旅

関東・小湊鉄道、内房線、外房線

東京湾の地魚を回転寿司で

旅のポイント

緑したたる初夏の養老渓谷を散策し、鴨川沖の孤島・仁右衛門島を訪ねる。房総半島最南端の野島崎で紺碧の海、奇勝・鋸山でどこまでも続く山容を眺めた後、内房の豊かな海の幸を堪能する。

浜金谷駅から徒歩5分の船主総本店は、近隣の漁港で揚がった、東京湾などの地魚を食べさせる評判の回転寿司店。おすすめは、ピンクの身にしっとりとした脂をまとったキンメ鯛490円。☎0439・69・2167

1日目

始発駅の五井から終点上総中野までアナウンスと検札に大忙し。小湊鉄道では約10名の女性車掌が活躍中。

9：37 駅に到着するたび懐かしい木造駅舎が迎えてくれる。上総山田駅にて。

今回の旅予定表

1日目

東京	発 8:06	京葉線、蘇我で内房線乗換
五井	着 9:03	
	発 9:22	小湊鉄道
養老渓谷	着10:23	養老渓谷を散策。福水で入浴
	発13:21	
上総中野	着13:28	
	発13:29	いすみ鉄道
大原	着14:17	
	発14:23	外房線
安房鴨川	着15:13	
	発15:15	内房線
太海	着15:20	仁右衛門島を観光 磯の宿そとぼうに泊

2日目

太海	発 8:08	内房線
千倉	着 8:38	
	発 9:10	館山日東バスで移動
安房白浜	着 9:36	野島埼灯台を観光
	発11:50	JR関東バスで移動
安房自然村	着12 :04	不老山薬師温泉で入浴
	発12:54	JRバス関東で移動
館山	着13:20	
	発13:59	内房線
浜金谷	着14:26	鋸山を観光。船主総本店で食事
	発17:28	内房線
千葉	着18:55	
	発19:04	総武線快速
東京	着19:43	※すべて土日ダイヤのものです。

10：15 一両編成の列車が走る小湊鉄道。目障りな看板や建物はほぼ皆無。東京から90分ほど離れただけでここまでのどかな田園風景に出会えることも魅力のひとつ。写真は上総大久保ー月崎間。

12：40 「福水」では11時〜15時まで日帰り入浴可。入浴料1050円。☎0470・85・0116

12：20 同じく粟又の滝付近で遭遇した、キッチュなイメージを漂わせる不思議な祠。

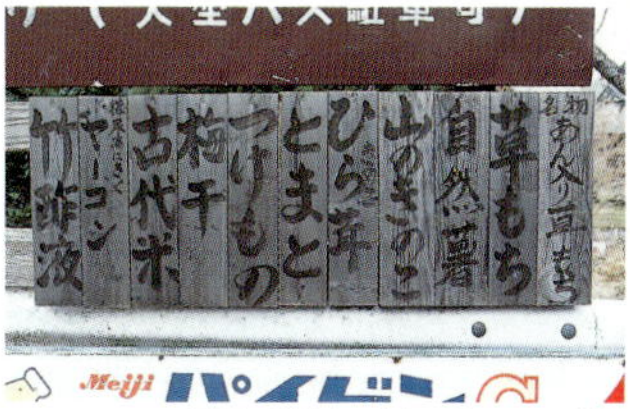

12：20 粟又の滝近くの商店で見つけた、郷愁誘う昔ながらの手書きの品書き。

1日目 ローカル線で房総半島を縦断

ピィと短く警笛が鳴り車両のドアがガタンと閉まる。2両編成の小湊《こみなと》鉄道が五井駅からゆるゆると走り出し、房総を巡るのどかな旅が始まった。

車内検札をする女性車掌の様子や窓外の新緑を眺めているとあっという間に時間が過ぎる。五井駅で買った昼食代わりのあさりめしを慌てて頬張り、養老渓谷駅に降り立った。

養老川の流れに沿って遊歩道を歩き、上流の養老渓谷を目指す。飛沫をあげつつ清流を奔らせる「粟又《あわまた》の滝」で涼んだ後、養老渓谷温泉郷の「渓流の宿・福水」で黒湯につかり、タクシーで養老渓谷駅に戻る。

隣の上総中野駅でいすみ鉄道に乗り換え、大原駅へ。さらに外房線、内房線と乗り継ぎ、太海《ふとみ》駅で下車。夏場は海水浴客でごった返すこの地も今は人影まばら。行き逢うのは日向ぼっこをする猫ぐらいのものだ。

手漕ぎ船に揺られ、代々所有者の平野一家のみが居住してきた仁《に》右衛《え》門島《もんじま》に渡った。築300年の島主の家、頼朝が隠れたとされる洞窟、岩にかけられた注連縄《しめなわ》、巨大な古木などが点在する島は神秘的で、俗世間から隔絶された孤島の風情を漂わす。

薄暮の中、旅装を解いたのは「磯の宿・そとぼう」。大海原を望む露天風呂で疲れを洗い流し、地魚を使った豪快な漁師料理を堪能した。

17：20 伊勢海老やあわびの漁場として知られる太海の景色を間近に眺めつつ入浴できる「磯の宿・そとぼう」の露天風呂。浴槽は美しい木肌のサワラでできている。1泊2食1万2600円～。☎04・7092・1143

船主総本店で食べられる房総沖で水揚げされた「黄金アジ」も今が旬。上品な甘みが口に広がる。390円

16：30 日蓮が朝日を拝んだという言い伝えの残る島内の岩。☎04・7092・3456

15：30 船頭の操る手漕ぎ舟が仁右衛門島に渡る唯一の交通手段。入島料1350円

はるか対岸に三浦半島を望みながら、内房線は房総半島の海岸沿いを、東京に向かって進んでいく。

2日目

2日目 内房の名勝と味覚を満喫

翌朝、太海駅から乗り込んだ内房線は房総半島の海岸を縫って進む。朝日に輝く太平洋が打ち寄せる和田浦—南三原間は、見逃せない絶景スポット。「来年は一緒にヒジキ獲りのバイトしようぜ」。隣のボックス席から聞こえてきた高校生たちの会話も海辺の町ならではのものだ。

千倉駅からバスで半島最南端の野島崎に行き、明治期に建てられた灯台から扇状に広がる紺碧の海と伊豆大島の島影を一望。大漁半纏や船首飾りなど海洋関連の資料を展示した白浜海洋美術館に足を伸ばす。昼食はわかめと小麦粉を合わせて打った「わかめ打ち込みうどん」。つやを帯びた若草色の麺が食欲をそそる。

腹ごなしに海岸沿いの遊歩道を散

10：00 明治初期に建てられた野島崎灯台。入場料150円。☎0470・38・3231

震える足で立てば、緑の稜線が途切れることなく続く

15：30 瑠璃光展望台の地獄のぞき。新緑に萌える房総の山々が連なり、近くの保田港も垣間見える。鋸山の入山料は600円。ロープウェイ往復運賃900円。☎0439・69・2314（鋸山ロープウェイ）

15：40 石を切り出した跡が絶壁となって残る鋸山。巨大な観音像もお見逃しなく。

11：30 うどん生地を２日寝かせるのが旨さの秘訣と「奴凧」店主の寺崎雄三郎さん。

17：45 都心に向かう内房線。刻々と朱みを増す海面は息を呑むほどの美しさ。

わかめを打ち込んだうどんは、ほのかな海藻の香りが身上。田舎盛りうどん630円。☎0470・38・2158

運賃6250円／距離306km

養老渓谷駅周辺で営業するタクシーは1台のみ。船主総本店は平日の15時～17時まで休憩をとるので注意。

策後、バスで安房自然村内の「不老山薬師温泉」に立ち寄ってから、館《たて》山《やま》駅に到着。ここから再度、内房線を利用し浜金谷《はまかなや》駅で下車。ノコギリの刃のように鋭い岩肌を見せる奇勝・鋸山《のこぎりやま》の登り口まで10分ほど歩き、ロープウェイで一気に標高３９２ｍの山頂に至る。

鋸山はかつて房州石の石切り場でもあったところで、石を切り出した跡が垂直の壁となって林立する。世に展望台は数あれど、岩肌から空中にひょいと突き出た「地獄のぞき」以上に足が竦《すく》むところはないだろう。

旅の仕上げは近場の漁港で揚がった海の幸を楽しめる回転寿司「船主《ふなおさ》総本店」で。キンメ鯛やアジはまさに今が旬。脂の乗り切った身が口中ですっととろける。

房総の佳景と海の幸を味わいつくした２日間を胸の内で反芻しつつ、夕日差し込む内房線で帰路についた。

 取材・文／籏智優子　撮影／松村映三、真島満秀写真事務所

旬の旅プラン 2

人気の快速列車「リゾートしらかみ」の新車両「くまげら」に乗って白神山地へ

東北・五能線

旅のポイント

▼1日3往復に増便されたリゾートしらかみと各駅列車を乗り継ぎ、沿線の名所を訪ねる。酒を片手に車窓の風景を堪能。世界遺産・白神山地の山麓を歩き、海辺の温泉につかる。

リゾートしらかみ「くまげら」

8:00 青森駅からリゾートしらかみの新車両「くまげら」に乗りこむ。デザインは白神山地に棲息する鳥クマゲラと五能線沿線の夕日をイメージしたもの。旅への期待を胸に新しいシートに座る。

9:00 別の車両をのぞくと、4人がけのボックス席が。駅弁を広げるにも便利なテーブル付きで、座席をフラットにして、足を伸ばし、くつろぐこともできる。グループや家族での旅に最適だ。

今回の旅予定表

1日目		
青森	発 8:00	リゾートしらかみ2号
十二湖	着 11:19	
	発 11:25	弘南バスで移動
奥十二湖	着 11:40	十二湖、観光
	発 14:15	弘南バスで移動
十二湖	着 14:30	
	発 15:15	
あきた白神	着 15:57	晩酌セットを購入
	発 17:09	
艫作	着 18:00	不老ふ死温泉に泊

2日目		
艫作	発 9:30	
鰺ヶ沢	着 10:44	鰺ヶ沢を散策
	発 11:39	リゾートしらかみ1号
五所川原	着 12:03	立佞武多の館を観光
	発 15:12	リゾートしらかみ3号
弘前	着 15:50	

晩酌セット（1000円）。問合わせはハタハタ館☎0185・77・2770

ブナの森の奥には青い水をたたえた神秘的な池が

12：00 十二湖のブナ林と湖をめぐる。なかでも青池は、青く透き通った水の色が神秘的で、最も人気が高い。歩き疲れたら、十二湖庵の茶屋で一服。名水が湧き出る池では水を汲んで持ち帰りたい。このコースは、世界自然遺産・白神山地の雰囲気を気軽に味わえる格好のルートだ。

列車が海辺までほんの数メートルに迫る場所も。車窓からは海や山、田園など変化に富んだ景色を楽しめる。

五能線沿線、八森の名産「ハタハタずし」。ハタハタを野菜とともに漬けて発酵させた秋田の伝統食。

1日目

1日目 青森駅から不老ふ死温泉へ

久しぶりに、一人旅に出たくなった。全国を撮り歩いているカメラマンの友人に相談すると、「新緑の五能線はいいぞ」とのこと。列車の窓から津軽平野や日本海、世界遺産の白神山地が眺められ、とても風情があるというのだ。

五能線には、景色の見やすい大きな窓を備えた人気の快速列車がある。その「リゾートしらかみ」に3月18日「くまげら」という新編成が加わったと聞いた。さっそくみどりの窓口に出かけ、乗車券を手に入れる。

旅の当日、青森駅のホームにとまっていた「くまげら」は一際目立つオレンジ色のボディーだ。定刻通り、駅を出発。旅への期待に胸が高まる。弘前、川部と進み、窓の外には緑あざやかなりんご畑が広がっている。

五所川原を過ぎると、展望ラウンジで津軽三味線の生演奏が始まった。さすが観光列車、粋な催しが用意されている。

演奏が終わって鰺ヶ沢に近づいた頃、右手に日本海が広がった。ここからは奇岩が連なる海辺の景色が続く。そんな光景に見とれているうち、最初の目的地、十二湖駅に着いた。

十二湖で、白神山地山麓のブナ林を散策した後、各駅に乗り換えて、さらに南下、次に下車したあきた白神駅では、徒歩1分ほどの「ハタハ

19：00 海と一体化して見える絶景の露天風呂がある不老ふ死温泉は1泊2食1万650円から。内風呂もあり、日帰り入浴（600円）もできる。☎0173・74・3500

2日目

11：10 鰺ヶ沢名物、イカのカーテン。半日ほど干して焼いたイカの歯ごたえは最高

リゾートしらかみ1・2・3号（鰺ヶ沢―五所川原間）で聴ける津軽三味線の生演奏。

夕館」の温泉で汗を流し、予約しておいた「晩酌セット」を購入。この晩酌セット、しらかみ4号では、鰺ヶ沢に着くまでに車掌に申し込むと、あきた白神駅を出発後、席まで持ってきてくれる。列車のなかで、地酒と郷土色豊かな山海の肴を楽しめる、という按配だ。

　今日の宿泊先は、艫作《へなし》駅近くの不老ふ死温泉。チェックインして、波打ち際にある露天風呂に向かった。褐色の湯は、神経痛や腰痛などに効能があるとのこと。ここからしばし、広大な海に沈む夕日を眺めた。

2日目
津軽の厚い人情に触れる

　次の日は各駅停車の列車で鰺ヶ沢へ。駅から海まで散策し、イカ焼きの店が並ぶ通りで、イカを干す光景を眺めていた。ふと気がつくと、列車の時刻が迫っている。あわてていたら店の人が「自分も駅に行くとこ

ローカル線で「旬」の旅へ

奇岩立ち並ぶ海岸沿いを「しらかみ」が走る

美しい風景のなかを駆け抜けるリゾートしらかみは、岩館駅―大間越駅間の一部区間（1・3・5号）や、千畳敷駅付近（2・4・6号）の絶景ポイントで徐行運転をしてくれる。写真撮影はこの区間がチャンス。

12：30 立佞武多の館は入館無料（立佞武多展示室は600円）。☎0173・38・3232

11：57 木造駅の前面を飾る土偶のオブジェ。旧木造町は縄文時代の遺跡で有名だ。

無人駅、中田を通過。まわりには、のどかな田園風景が広がっている。五能線には味わい深い駅が多い。

ろだから、車で送ってってやるよ」。あたたかい言葉に甘えることにした。

なんとか時間に間に合い、11時39分発のしらかみ1号に乗り込む。次に降りた五所川原では、巨大ねぷたを展示する立佞武多《たちねぷた》の館を見学。22メートルもある大迫力のねぷたを見た後、山車の製作も体験した。

出発まで駅の待合室にいると、おじいさんが話しかけてきた。「これから弘前に行く」と言うと、ここの店はうまいとか、三味線を聞かせる居酒屋があるなどと、親切に教えてくれる。時間が来て席をたとうとしたら、「列車で食べろ」と持っていたおにぎりを一個、渡してくれた。

15時過ぎに出発したしらかみ3号は、終着駅の弘前へと向かう。車内で2日間の出来事をふりかえり、もらったおにぎりをほおばる。なんだか、とても懐かしい味がした。

運賃6600円／距離292.2km

リゾートしらかみは要指定券（通常期510円）。運賃は五能線パスを使うと安価に。青森駅などで購入可能。

 取材・文・撮影／斉藤恵美　撮影／中岡邦夫、松村映三、レイルマンフォトオフィス

旬の旅プラン 3

緑なす里山を縫い、蒼き海を眺め 列車に揺られ世界遺産の熊野詣で

南紀・紀勢本線

旅のポイント

黒潮おどる熊野灘を車窓に眺めながら、速玉大社・本宮大社・那智大社の熊野三社に詣で、古人も労を癒したというつぼ湯に浸かり、舟に揺られて世界遺産・川の熊野古道舟下りの旅。

熊野古道と川下り

1日目

11:18 先頭部分がガラス張りになっている「オーシャンアロー号」、白浜駅到着。

11:45 3両目の展望ルームに向かい、車窓に広がる波穏やかな枯木灘を眺める。

12:36 串本を過ぎると海の色はいちだんと濃くなり、熊野灘と名をかえる。

13:30 朱塗りも鮮やかな熊野速玉大社。東京から移築した佐藤春夫邸がある。

今回の旅予定表

1日目			
新大阪	発	09:02	特急「オーシャンアロー5号」
新宮	着	12:48	熊野速玉神社へ
	発	14:20	権現前から熊野交通バス乗車
本宮大社	着	15:27	熊野本宮大社へ 世界遺産・湯の峰温泉つぼ湯へ 湯の峰温泉泊
2日目			
湯の峰温泉	発	8:46	熊野交通バス乗車
竹田前	着	9:32	熊野川川舟センター受付
	発	10:00	川の熊野古道舟下り
	着	11:30	熊野速玉大社河原
新宮	発	12:17	紀勢本線普通列車で那智駅へ
那智	発	13:10	熊野交通バス乗車
那智山	着	13:28	熊野那智大社、 那智の滝、青岸渡寺へ
	発	15:00	熊野交通バス乗車
紀伊勝浦	着	15:26	
	発	16:02	特急「スーパーくろしお32号」
新大阪	着	19:51	

容器が貯金箱になる「紀州てまり弁当」(紀州田辺駅・白浜駅／850円)。

紀勢本線（別名きのくに線）は、周参見駅を過ぎたあたりから海岸線に沿って走る。このあたりの海は、枯木灘と呼ばれている。

17：20 1800年余の歴史をもつ世界遺産に登録された河原の共同浴場〝つぼ湯〟。

鯨の脂身を揚げて乾燥させた紀州名物〝くじらのコロ〟。お湯でもどして、おでん、酢の物に。

15：40 熊野本宮大社には、絵馬代わりの詣で旗（500円）が立ち並んでいた。

1日目 しばし都会の喧騒を逃れて

流線型の新幹線をコンパクトにしたようなオーシャンアロー号に乗って新大阪駅を出発。

両サイドに見えていたビルや住宅が、やがてまばらになってきた。都会の喧騒を置き去りにした満足感から、それとも紺碧の黒潮の海のやさしさにまどわされたのか、瞬時、まどろむ。

南紀・熊野への旅は、こうして始まった。紀ノ川を渡ると、ここから紀州。しばらく田園地帯を走り、白浜温泉を過ぎたあたりから列車は右サイドに枯木灘を望みながら進む。

新宮市出身の作家・中上健次は、『岬』や『枯木灘』など、熊野地方を舞台にした名作をいくつも残して逝ったが、その暗い土俗的なイメージとはうらはらに、車窓から見える熊野路は明るく穏やかで、熊野の懐の広さを感じる。

白浜駅で買った「紀州てまり弁当」を食べ終わったころ、オーシャンアロー5号は新宮駅に着いた。駅前には、ちかごろでは珍しく鳩が群れていた。そういえば、童謡『はとポッポ』の作者は新宮市出身だった。

鳩を驚かさないように、そっと駅前広場を通って熊野速玉大社へ向かう。ローカル列車で行く熊野詣での第一歩を踏み出す。ここから本宮、湯の峰温泉に向かう。

2日目

激流を越え瀞場を下り 古人も辿った〝川の熊野古道〟

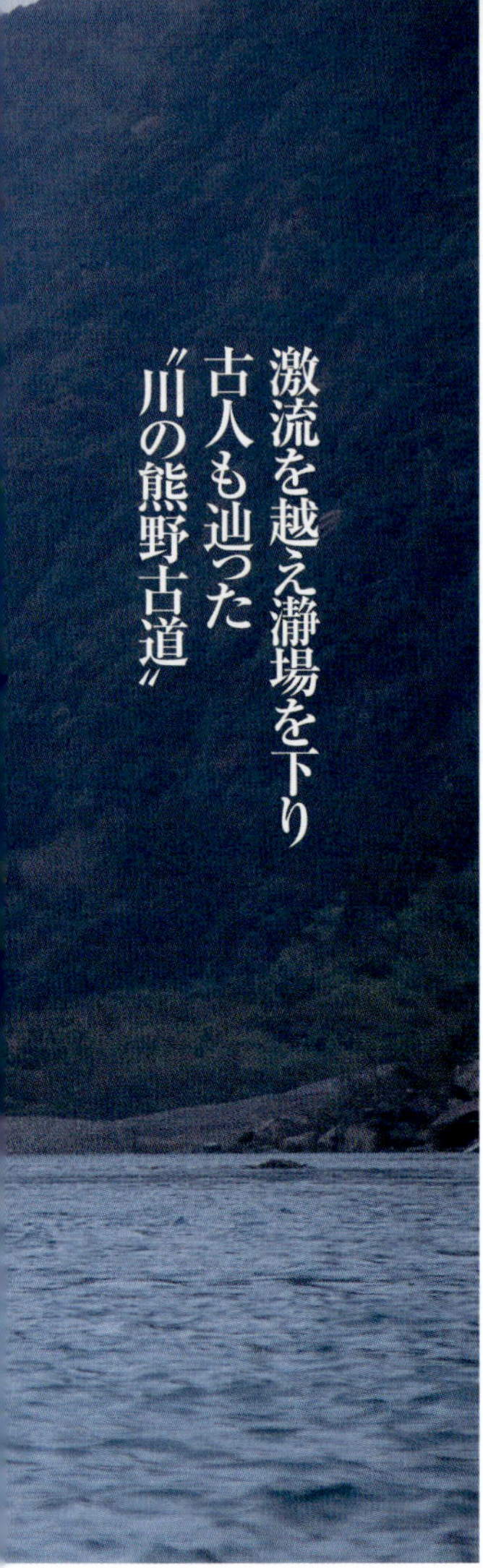

いまも往時の面影をとどめる熊野古道には、ところどころに苔むした石畳が残っていた。

熊野に来たら欠かせないのが名物の〝めはり寿司〟入りの「熊野弁当」(紀伊勝浦駅・新宮駅／920円)。

10：40 舟下りの運行は3月から11月の午前10時と午後2時30分ごろの1日2回。大人3900円、子ども2000円。30分前までに受付（要予約）。雨天・強風の日は欠航。問い合わせ☎0735・44・0987（熊野川川舟センター）

2日目
百年の時を経て甦った舟下り

平成17年秋、かつて熊野詣での人々が行き交った熊野川に、100余年ぶりに舟下りが復活した。

熊野詣での道は、大阪から和歌山を経て紀伊田辺から内陸部を横断する中辺路、海沿いを那智へ向かう大辺路、高野山から熊野本宮に向かう小辺路、奈良県の吉野から熊野本宮に向かう大峯奥駆道《おおみねおくがけどう》の4つのルートのほかに、三重県の伊勢から熊野速玉大社に至る伊勢路がある。

川の熊野古道は、中辺路・小辺路・大峯奥駆道の3ルートを経て熊野速玉大社に向かう人々が利用した。

乗り場は新宮～熊野本宮大社を結ぶ国道168号線沿いにある、道の駅「瀞峡《とろきょう》街道熊野川」に併設されている「熊野川川舟センター」下の河原。終点の熊野速玉大社の河原まで、運行距離およそ16キロを1時間30分ほどかけて下る。

乗り場をスタートしてすぐのあたりを久里峡と呼ぶ。やがて布引、蛇和田の滝が左右に見える。なびき石、陽石、釣鐘石、骨嶋、畳石、弁慶の足跡などの奇岩が続く。激流あり、瀞場ありと、変化に富んだコースは、飽きるいとまもない。

濃い山の緑を映した川面は吸い込まれるような紺碧。流れ行くほどに、漂い行くほどに、熊野の神々との邂逅が現実味を帯びてくる。

三筋の水が落ち行くほどに
一筋に結ばれて流れる
日本一の瀑布

13：40
滝の落ち口に張られている注連縄は、7月9日と12月27日の年2回、神職の手で張りかえられる。

16：02 紀伊勝浦駅を出発した「スーパーくろしお32号」は、夕日を受けて輝く黒潮の海を左手に見ながら熊野路をあとにする。

明治新政府のとった廃仏毀釈運動に抗し、打ち壊されることなく残った、神仏混淆の貴重な歴史遺産である。

三重塔と滝をバックに写真を撮るなら青岸渡寺境内。ここは那智山を訪れたら見逃せない撮影スポット。

13：45 昭和47年に再建された朱塗りの色も鮮やかな青岸渡寺の三重塔。

紀酒会に加盟する5つの蔵元が醸した酒を好みで組み合わせて買える「地酒くまのみち」（2本セット1300円）。

新大阪～新宮間をおよそ4時間30分かけて結んでいる「スーパーくろしお号」。

14：00 樹齢800年といわれる熊野那智大社の樟の老木。和歌山県指定天然記念物。

運賃1万4020円／距離553.6km

通常期なら「スーパーくろしお」と「オーシャンアロー」の自由席で乗り継ぎながら新宮まで行くとお得。

落差133メートル、那智大滝は日本一の直瀑として知られる。

滝の落ち口に張られている注連縄は、滝そのものを神として自然崇拝していたころからのもの。社伝によると熊野那智大社は、海上から光輝く滝を目にした神武天皇が神として祀ったといわれている。

滝をよく見るとわかるが、落ち口で三つに割れた水は、やがて一本になって落下していることから、縁結び、和合など、縁起のいい滝として古くから崇拝されてきた。

那智の特徴は、神社と同じ敷地内に寺院があること。青岸渡寺《せいがんとじ》といい西国第一番札所にもなっている。古来、「蟻の熊野詣で」といわれるほど多くの人々が足を運んだ熊野はまた、旅の始まりの地でもある。那智そんなことを思いながら帰りの列車のなかで、ふたたびまどろんでいた。

 取材・文／藤原 嗣治　撮影／藤原嗣治、真島満秀写真事務所

旬の旅プラン 4

山陰本線の旅情に誘われ、余部鉄橋を渡り、鳥取砂丘をめぐる

山陰・山陰本線

旅のポイント

山陰本線の名湯・城崎温泉を皮切りに、近代土木の傑作・余部鉄橋、日本最大の鳥取砂丘などの名勝地、名物との出会いを重ね、日本海側を西へ西へと旅してゆく。

今年最後か、余部鉄橋

志賀直哉の短編「城の崎にて」で知られる城崎温泉。文人墨客に愛された山陰の名湯である。温泉街を貫く大谿（おおたに）川沿いの柳並木を宿泊客が浴衣姿で歩く風景は、この温泉地ならでは。

11：40 城崎最古の外湯「鴻の湯」。コウノトリが傷を癒していたことで発見された。

1日目

今回の旅予定表

1日目		
新大阪	発 8:07	福知山線 北近畿1号
城崎温泉	着 10:53	城崎温泉で入浴
	発 12:57	山陰本線 余部鉄橋通過
浜坂	着 14:01	
	発 14:27	
鳥取	着 15:13	
	発 15:50	日ノ丸バスで移動
鳥取砂丘	着 16:12	
	発 18:00	日ノ丸バスで移動
鳥取	着 18:22	鳥取にて泊
2日目		
鳥取	発 9:49	スーパーおき3号
松江	着 11:18	松江で出雲大社観光
	発 19:13	スーパーまつかぜ7号
温泉津	着 20:19	温泉津温泉で泊
3日目		
温泉津	発 8:52	快速アクアライナー
益田	着 10:21	
	発 11:03	
東萩	着 12:12	萩を観光
	発 16:19	
長門市	着 16:58	
	発 17:10	
小串	着 18:21	
	発 18:22	
下関	着 19:02	

13：46 列車の最後部から余部鉄橋を見送る。1986年暮れの強風による列車転落事故によって運行規制が強化されたため、冬を中心に運休・遅延する列車が増加。架け替えは長年の懸案だった。

山陰の名物駅弁として知られる「吾左衛門寿し鯖」1774円。境港で水揚げされた鯖と鳥取産のヤマヒカリを北海道日高産の昆布でしっとりなじむ押し加減で巻いた。米子駅で購入可能、途中下車しても買いたい逸品。

13：37 ホームから海が眼下に望める鎧駅。降りたかったが、次の便まで2時間近く。

1日目
城崎温泉から余部《あまるべ》鉄橋へ

のんびりとした旅を。そう思ったとき、よく山陰を想う。鄙《ひな》びた土地柄（と言ったら地元の方に失礼か）に旅情をそそられるからである。

日本海側を走る山陰本線の存在がやはり大きい。例えば食の楽しみ。京都と山口県の幡生《はたぶ》を結ぶ国内第二の長大路線であるためか、全線を走り抜ける列車が一本もない。よって何度となく終着駅で放り出され、その都度この路線は、カニを筆頭とした日本海の幸を差し出してくれる。「ローカル線の旅はそのつなぎめの時間のすごしかたに妙味がある」

旅の達人、嵐山光三郎氏もそう言っている。山陰本線はそんな旅に、格好の路線なのである。

今回も、もちろん、のんびりと行きたいが、一方で少々急《せ》いた気持ちがあった。山陰本線のなかでも名所中の名所といっていい余部《あまるべ》鉄橋（鎧《よろい》～餘部《あまるべ》間）がコンクリート桁橋に架け替えられるのだ。

今年から工事が始まるとの風の噂《うわさ》に慌て、地元の香住《かすみ》町役場に問い合わせてみると、（3月時点で）着工時期はまだ未定なのだとか。来春あたりでは、というのが大方の予想だが、着工前にいま一度渡っておきたかった。

大阪から向かったので、福知山線経由でまずは城崎《きのさき》温泉で降りた。

餘部の集落から明治45年（1911）開通の鉄橋を仰ぐ。日本の近代土木遺産の中でも、最も重要な建築物と専門家は位置付けている。

ひとっ風呂浴びよう。名物の外湯（7つの公衆浴場）では、駅から一番遠い「鴻《こう》の湯」まで足を延ばした。内湯が多いなか、ここには立派な露天風呂がある。初夏の陽気も一緒に謳歌できるという次第である。

身を清めたというつもりはなかったが、余部鉄橋と最後の逢瀬になるかもと思うと、妙に緊張し、厳かな気分になった。列車は手前の鎧駅を発ち、トンネルへと入った。抜ければすぐに鉄橋である。隧道の閉塞感が気持ちを高ぶらせる。2両編成の最後部で立っていた。最前部かと迷ったが、そこで良かった。

前方に光が見えてきた。それがあっという間に車内を染めあげ輝かせてゆく。最大の眩しさを感じた瞬間、列車が中空を飛んでいるのがわかった。長さ309・4メートル、高さ41・5メートル。山陰本線全線開通への最後で最大の難工事だったと伝えられる余部鉄橋。仁王立ちで視野に入ったすべてを記憶した。

一日目のもう一つの見所、鳥取砂

風雪に耐え、百年近く重責を担った 近代土木の傑作、余部鉄橋

丘へ。この自然の造形物にはやはり圧倒されるばかり。心が果てしなく広がってゆく。ふと鉄橋を想う。人工の造形物には限界があるし寿命もある。しかしそこには、かけがえのない血と汗も注がれている。砂丘の山のてっぺんで、人間のたゆまぬ努力の結晶が懐かしくなっていた。

2日目 私鉄の一畑電鉄で出雲大社へ

一泊した鳥取から松江へ。松江といえば堀川めぐりである。松江城を囲む堀川を屋形船でのんびりと遊覧する。晴天に恵まれ、実にのどかである。緑も目に染みる。たまたま船頭さんと二人きりだったから、ひたすらかしずかれているようで、気分は松江の名君、松平不昧公《ふまいこう》さながらであった。

松江まで来たら、やはり出雲大社は外せない。山陰地方唯一の私鉄・一畑《いちばた》電鉄で向かった。この私鉄が素晴らしい。年配の駅員さんが多いから、気遣いにあふれている。乗っていてひたすら心地が好い。電力ではなく、人力で走っているからだ。そう思わせるに十分の名路線であった。

さて、終点「出雲大社前」で降りたらまっすぐ大社詣でのつもりが、大社周辺各所でおいでおいでをしている出雲そばが気になって気になって仕方がない。相も変わらず食い気に走るふつつか者であった。

鳥取の浜に出現した「地球」規模の造形のすごさ!

17:10 東西16㎞、南北2.4㎞の鳥取砂丘。日本最大の砂丘だけにこの起伏が何ともダイナミック。鳥取駅からバスで約20分。

2,3日目

折居―三保三隅間を走る各駅停車の列車。海水浴場であるこの折居海岸を含め、長門三隅あたりまで、列車は幾度となく海に大接近する。窓際まで波打ち際が迫り、山陰本線の中でもっとも絶景が続く区間である。

「但馬名物かにずし」920円を筆頭に、山陰の主要駅では様々な趣向のカニ寿司が売られている。

13：00 出雲大社前駅から徒歩10分の出雲大社。門前には出雲そばの店が並ぶ。

松江しんじ湖駅から出雲大社方面への一畑電鉄の分岐駅・川跡駅。出雲大社前駅まで約1時間で片道790円。

萩の旧城下町の菊屋家住宅。伊藤博文のアメリカ土産の柱時計が時を刻む。

カニを泊まりがけで食べに行ったというおばさんたち。よほど美味しかったのだろう、終始笑顔だった。

独特の風情がある松江堀川めぐり。所要時間約40〜50分で1200円。

運賃 1万8660円 ／ 距離 781.4km

乗車券は新大阪－下関を一括購入。路線距離が101kmを越えると途中下車は何度でも可。後戻りはできない。

3日目 鉄と砂と土を堪能した旅

前日は温泉津《ゆのつ》温泉に泊まった。その名の通り、津（港）に面した小ぢんまりとした温泉街。共同湯は朝5時半から「どうぞ」である。地元の人にいかに愛されているかがわかる。

この日は、幕末に多くの英傑を輩出した城下町・萩がハイライト。降り立った東萩の駅前で自転車を借りた。海へ開けた平地に名所旧跡が点在するからこれが一番。時間も思い通りに操れる。

旧城下町では陽光に映える白い土壁が真っ直ぐと続き、町を美しく区画していた。鉄の造形物ではなかなか出せない味わい。ほころびが目立つのも土ならではのご愛嬌である。

鉄と土、そして、砂。三者三様の魅力を見せてもらえた旅になったようである。

取材・文・撮影／小泉助郎　撮影／佐々倉実、梅原ひでひこ

旬の旅プラン 5

九州三大名湯をめぐる途中下車の旅
お湯と人情と風土を肌で感じる

九州・久大本線、豊肥本線

旅のポイント

温泉王国九州の名湯が目白押しの久大本線で湯布院、別府へ。豊肥本線で阿蘇の雄大な景色を眺め、黒川温泉へ。山間の緑あふれる風景、気分と好みで選ぶ温泉三昧の旅。

湯布院 別府 黒川

1日目

10:00 湯布院の食材を使った、車内のみで販売される「ゆふいんの森弁当」1200円。

9:13 「ゆふいんの森」に乗り込む乗客を迎える客室乗務員。博多駅ホームにて。

10:20 リゾート特急「ゆふいんの森」号の車内。全席指定で、乗客のほとんどが湯布院への観光客。高床式（ハイデッカー）のため、さながら高みの見物気分。客室乗務員のもてなしも心憎い。

今回の旅予定表

1日目			
博多	発	9:16	久大本線特急「ゆふいんの森1号」
天ヶ瀬	着	10:47	旅館成天閣の露天と共同露天風呂。駅前食堂「一番列車」
天ヶ瀬	発	13:54	特急「ゆふ3号」(奇数日はゆふDX3号)
由布院	着	14:41	金鱗湖の共同浴場「下ん湯」入浴。たつみ旅館泊
2日目			
由布院	発	7:00	出発前に金鱗湖へ
大分	着	7:59	
	発	8:03	
別府	着	8:14	ひょうたん温泉(鉄輪温泉)
	発	11:43	横断特急3号
阿蘇	着	13:41	
	発	14:52	九州横断バスで黒川温泉へ
黒川	着	15:41	湯本荘泊　「美里」に入浴
3日目			
			「黒川荘」と「奥の湯」を巡る
黒川	発	12:35	バスで日田まで(日田まで2回乗り換える)
日田	着	14:33	九州一高所の露天「みくまホテル」の風呂へ
	発	15:52	
久留米	着	16:56	
	発	16:58	準快
鳥栖	着	17:05	寝台特急「はやぶさ」をホームより見送る
	発	17:15	有明24号
博多	着	17:36	

内湯と外湯がある茅葺き屋根の「下ん湯」。内湯もご覧のような半露天。混浴だが、湯船の周りが脱衣場なので、ご婦人の場合相当の決意がいる。西向きなので夕どきの光がとりわけ素晴らしい。

一部は別府まで走る「ゆふいんの森」号。久大本線は未電化のため、車両は汽動車になるが、乗っていてもそれを感じさせない優雅な走りっぷり。

2日目

6：20 名物の朝もやに煙る金鱗湖。湯布院に来たら必ず一度は訪れる観光名所。

11：50 天ケ瀬温泉「成天閣」の露天風呂は単純硫黄泉。頃合の温度が長湯を誘う。

13：10 天ケ瀬駅前の「一番列車」のとろろご飯。農家の主婦たちの手料理の店。

15：40 湯布院ゆかりの画家の作品を展示する「ドルドーニュ美術館」と裏さん。

1日目「ゆふいんの森」で出発

九州の温泉めぐりの旅に出かけよう。出発地は、博多。

となれば、観光特急「ゆふいんの森」号がいい。高原色に染まった列車が、風と戯れながら丸っこい笑顔で入線してきた。ホームで待ち構える女性客室乗務員も凛々しくて絵になる。旅先への思いが乗る前からどんどんふくらんでくる。

今回は名立たる温泉地、別府、湯布院、黒川をめぐる旅。とはいえ、温泉王国九州である。すんなりと直行できるはずもない。同号が走る鹿児島・久大本線沿いにも二日市、原鶴、筑後川、日田、天ケ瀬《あまがせ》と名湯が立て続けである。つい天ケ瀬で降りていた。

豊後《ぶんご》三大温泉の一つで、玖珠《くす》川沿いに温泉宿が肩を寄せ合う天ケ瀬温泉。名物は川べりに点在する共同の露天だ。ところによっては囲いがあったりするが、やはり無いほうが爽快に決まっている。時に快晴。入湯者がいなくて尻込みしかけたが、裸一貫誰はばかるものぞ。ざ、ざ、ざ、ざぶ～んッ。

湯布院に到着する。全国屈指の観光地にして、国内第3位の湧出量を誇る。ただし硫黄分を含まぬ単純泉ゆえ、一部山手を除いて湯煙を見ることができない。〝らしくない〟といえばらしくないが、湯布院の魅力は温泉だけにとどまらない。例えばここは、美術館のまちでもあった。

「ひょうたん温泉」は100％源泉掛け流しの湯。料金700円。午前9時〜午前1時。無休。

豊後富士と称される湯布院のシンボル・由布岳（1584ｍ）をバックに走る各駅停車（由布院〜南由布間）。久大本線は日田を境に平野から山間へとその様相を変える。

9：40 大正11年創業の「ひょうたん温泉」。まずは滝湯から温泉三昧の始まり。

10：05 「ひょうたん温泉」の由来は、豊臣秀吉の旗印「千成びょうたん」にちなむ。

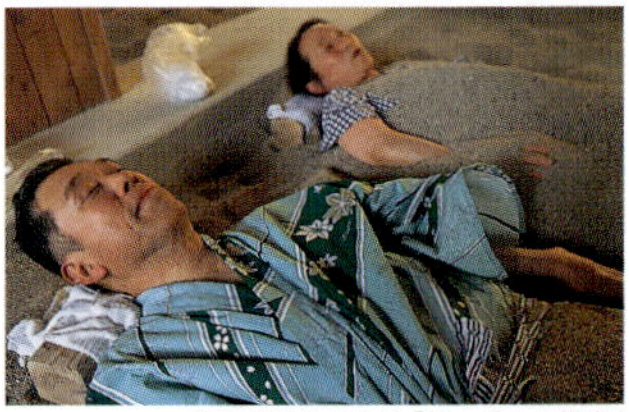

10：15 自前で砂をかける「ひょうたん温泉」の砂湯。夫婦に限らず混浴である。

10：50 温泉蒸気を利用した地獄せいろ蒸し800円。瞬く間に蒸し上がる。

木立ちの中の小さな「ドルドーニュ美術館」を尋ねた。主婦の裏文子さんが昨年10月に開いた個人美術館で、築130年の民家の畳の間にて絵を見るより先にお茶を供された。ひと時の歓談。芋の子を洗うような観光通りにはない、静謐な時間に心奪われた。

景勝地・金鱗《きんりん》湖のそばの共同浴場「下《した》ん湯」に入った。独りっきりだったが、そのうち近所の爺さまがおもむろにやってきた。黙々と体を洗っては虚空を見つめての入浴を繰り返す。その老いた背は、内風呂のなかった昭和のあの頃を思い起こさせた。

2日目
大御所・別府から黒川へ

翌朝、別府へ。興奮していた。なにせ源泉数日本一、向かうところ敵なしである。湯煙ばんばんである。時間が限られていたので一カ所に狙いを定めた。別府八湯《はっとう》の中でもっとも湯治場ムードを醸す鉄輪《かんなわ》温泉。そこの温泉センターともいうべき「ひょうたん温泉」の暖簾をくぐった。露天、砂湯、蒸し湯、滝湯と何でもありである。やはり敵なしであった。ご愛嬌は砂湯なり。係の人が砂をかけてくれると思いきや、自分でせっせと施す。おばさまが汗をかきかきその巨体へ砂をかけていた。

豊肥《ほうひ》本線で阿蘇の外輪山《がいりんさん》を突き抜け、世界一のカルデラ（火口原）にある阿蘇駅へ。そこからバスで黒川温泉へ。九州で湯布院と人気を二分する谷あいの温泉街である。

初夏の陽気の匂いと多彩な湯の数々が極楽気分へ導いてくれる

9：50

3日目

3日目
九州一高い極楽露天風呂へ

黒川は規模はそう大きくないが人出は凄い。

立て役者は、24軒の旅館の露天風呂を3カ所まで自由に入浴できる「入湯手形」だ。好みの露天を選べ、ハシゴ湯ができる悦楽。谷あいの涼感あふれる風情がそこに加わってくる。

温泉漫遊はまだまだ続く。

天ケ瀬の手前、思い残せし日田《ひた》へ戻る。筑後川（地元では三隈川）沿いの日田温泉。そこの「みくまホテル」に昇りつめた。屋上の露天風呂は九州一の高度を誇る。

ここは天国か⁉　そう見まがうばかりの悠久の風景が広がっていた。

九州のローカル線の旅は、やめられない。

10：10　黒川の街を貫く田の原川。旅館によってはこのような橋を行き来することに。

22：10　宿泊した黒川温泉「湯本荘」の桶風呂。今回のベスト3に入る極楽湯。

16：50　黒川温泉「美里旅館」の湯は、時間によって乳白色になる硫黄泉。

15：05　日田温泉「みくまホテル」の屋上にある露天風呂と、筑後川の悠久の流れ。

運賃 1万2760円 ／ 距離 382.8km

大分〜別府間の往復があるため、乗車券は通しで買えず、博多〜別府、別府〜阿蘇、日田〜博多の3枚になる。

 取材・文／小泉英司　撮影／小泉英司、真島満秀写真事務所、レイルマンフォトオフィス

日帰りローカル線の旅
東京、名古屋、大阪発
列車の達人が教えるのんびりプラン
12

東京発 日帰りプラン

きしゃ旅ライター・松尾定行さんが選んだベストプラン

①茨城交通
　鹿島鉄道
②真岡鉄道
③小海線
④吾妻線
⑤身延線

東京発6路線を選んだポイント

夏の海・山・渓谷・湖を日帰りの列車旅で満喫するのなら、この7つのローカル線で決まりです。温泉や神社仏閣、陶芸の里、魚河岸の最寄り駅で途中下車も楽しめます。古典的な車両あり、SL車両あり、高原列車あり。一涼しさ満点。懐かしさ、開放感も満点。鉄道で学校に通う高校生たちが夏休み中、朝夕の車内はがらがらです。

まつおさだゆき

旅と鉄道誌の編集部に勤務の後、昭和54年から旅と鉄道をテーマにした出版物の執筆・編集にフリーの立場で取り組んでいる。近著に『鉄道の旅　関東・甲信越編』（こうき社）、『鉄道ものしり百科』（学研）がある。

名産のサツマイモ畑の中を走る茨城交通のディーゼルカー（平磯ー磯崎間）。昭和30年代に設計された気動車の生き残り。

東京発プラン1

茨城交通・鹿島鉄道

勝田～那珂湊・石岡～桃浦

コラムニスト・泉麻人さんがまほろば鉄道に揺られて魚市場へ

上野駅から常磐線の特急電車に乗り、コラムニストの泉麻人さんは茨城県を走るふたつのローカル線の旅へ。

「常磐線には子供の頃の思い出があるんですよ。千葉県の松戸に先祖の墓があって、それで常磐線でよく墓参りに出かけていた。僕は新宿育ちだから、東京の東側にある町の風景が珍しくてね。電車から田んぼや工場が見えるだけでワクワクした。三河島のあたりのおばけ煙突もよく覚えている」

泉さんがまず向かったのは、茨城県ひたちなか市を走る茨城交通。上野から特急電車で約70分の勝田駅を起点に、太平洋の港町、阿字ケ浦《あじがうら》駅までの14・3kmを結んでいる。全線開通は昭和3年（1928）。今も非電化の単線を、昭和生まれの列車が走る。

勝田駅1番線で待っていたのは1両のキハ223形。白地に赤と青のラインが入る車両は昭和41年に造られたもの。泉さんは木板の床を見つめて一言、「床の、この油臭さはローカル線の匂いって感じだね」。

泉麻人さんの日帰り旅の出発は、通勤ラッシュでにぎわう上野駅。茨城交通の起点、勝田駅までは常磐線の特急列車を利用。

上／茨城交通勝田駅で昭和41年製の車両をバックに運転手さんと記念撮影。下／この車両の床は木板。板から漂う油の臭いがローカル線気分を盛り上げる!?

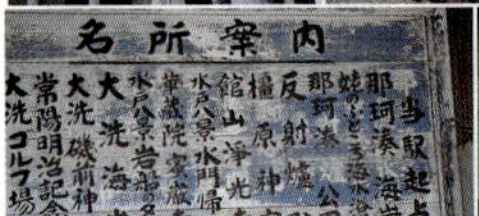

上／木造の那珂湊駅は大正2年の築。関東の駅百選にも選ばれている。下／那珂湊駅の構内にある名所案内看板は昭和の昔に書かれたもの。時の流れが感じられる。

「せっかくだから海がみたいね」と泉さんが向かったのは、那珂湊市場からすぐの港。

那珂湊の魚問屋「ヤマサ水産」で泉さんが味わったのは、地元で取れた天然の岩ガキ。「これからどんどん味が濃くなるよ」と、お店の人。

魚問屋「森田水産」内にある直営の回転寿司店（㊫7〜18時頃、無休）。朝、目の前の市場で仕入れるネタがお手ごろ料金で楽しめる。

「回転寿し森田」の本日のおすすめは、大洗であがった新鮮なヒラメ。他のネタは、ひと皿105円より。

おさかな市場の中にある「丸善水産」のたまり漬け。「たまりの独特の風味が格別」（泉さん）

「おさかな市場」を含む、那珂湊魚市場は茨城県内最大級の規模。年間100万人以上が訪れ、活気がある。

木床に塗られているのは〝床油《とこゆ》〟という専用の油。木板の腐を防ぐためだそうだ。

住宅街を進んでいた列車が樹木の間を抜け、田園風景を走りはじめると、最初の目的地、那珂湊《なかみなと》駅に到着。ホームに隣接する車庫には旧型の気動車が並ぶ。駅舎は、柱、梁、窓枠、屋根のすべてが木造で、大正2年（1913）の建築。駅では記念の硬券《こうけん》が発売されるほか、車輪や踏切警報機といった車両の廃品まで売っている！

駅そのものも見ごたえ十分だが、那珂湊は港や魚市場のほかに、〝昔懐かし〟を探しながら歩くのも楽しい町。那珂湊は古くから港町として賑わい、とくに江戸時代は東北地方の米や物資を江戸へ運ぶ、水上交通の拠点として栄えた。町には繁栄を偲ばせる建物が点在。裏通りや路地をひとりでめぐりながら、気になる建物や看板をカメラに収める泉さん。

「子供の頃から消えゆくものを撮影するのが好きだった。ローカル列車もそうだし、藁葺きの民家なんかもよく撮影している」

町歩きを楽しんだら那珂湊の魚市場へ。

「旅先に市場があれば必ず立ち寄る。食材や日用品、土産物を見たら、その土地の生活が分かるからね」

魚市場でのお目当ては地元の岩ガキと安くて旨い回転寿司。存分に海の幸を堪能したら、那珂湊駅から勝田駅ま

泉麻人さんが那珂湊で見つけた珍しいモノ

子供の頃から町歩きが大好きという泉さん。小学校6年生の時にはじめてカメラを手にして以来、町歩きや旅先で見つけた〝気になるモノ〟を撮り続けているという。今回の旅でも、列車や駅舎はもちろん、町中で見つけたレトロな看板や歴史を感じる建物などをコンパクトデジカメで次々撮影。プリントして保存するそうだ。

重厚な石造りの建物は昭和22年に漁網の保管庫として建てられたもの。現在はギャラリー。

場所柄、老舗の海産物問屋も多い。波打ったガラスの扉に、時の流れを感じさせる。

「エビス完全飼料」という昔懐かしのホーロー看板を発見。かつて看板は効果的な宣伝方法だった。

大正初期に建てられた「明石屋安源七商店」。昔は刻み煙草包装の印刷店、現在はカレンダー、扇子の店。

木造の待合室で列車を待つ泉さん。“カシテツ”の魅力を伝える手書きの案内や、応援ポスターなどがいっぱい。

鹿島鉄道石岡駅は大正13年の築。木造の待合所は今も昔のまま。関東の駅百選のひとつでもある。

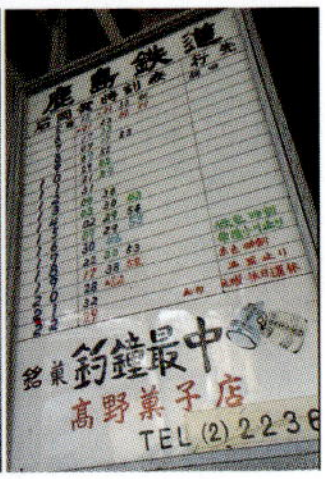

石岡駅発列車の時刻表。通勤通学に利用されるため、ラッシュ時は1時間に3～4本運行している。

日帰りローカル線の旅

写真右の上／石岡駅機関区に併設された検修庫。天井の高さはかつて走っていた蒸気機関車にあわせたもの。中・下／金太郎塗りと呼ばれるキハ431、432形。現役車両。

鹿島鉄道石岡駅で特別に車両や機関庫などを見学。これは昭和28年製のキハ714形。

で再び茨城交通の旅。勝田駅から鹿島鉄道の起点となる石岡駅を目指した。「カシテツを救え」。石岡駅5番ホームに掲げられた大きな看板。聞けば鹿島鉄道は現在存続の危機にさらされているという。石岡駅から鉾田《ほこた》駅まで27・2㎞を結ぶ鹿島鉄道、通称カシテツ。地元の熱い思いに支えられ、各駅に応援ポスターが貼られている。

カシテツに乗って霞ヶ浦方面へ向かった。住宅街からレンコン畑を越えると、右手に霞ヶ浦が見えてくる。

「車窓をじっと眺めて、窓の向こうの世界に自分が入ってしまう感覚がたまらない。畑仕事のおじさんは今こう考えているとか、あの人はこんな思いであの場所に家を買ったとか（笑）。想像が膨らんで、それがヒントになって生まれた短編小説も結構あるなぁ」

車窓の湖を間近で見るため、泉さんは桃浦駅で下車。湖畔を歩いていると、泉さんは地元の方にお茶に誘われた。霞ヶ浦にコンクリートの土手ができるずっと前から、ここに住んでいる漁師さんと語り合う。昔に比べ随分魚が取れなくなったそうだ。「便利になるといろんなものがなくなる」と泉さん。

帰り道、木床の列車に揺られながら、泉さんは日帰り旅をふりかえる。

「ローカル線の魅力って生活の匂いがするところかな。昔ながらの列車が地元の人を乗せてのんびり走る。沿線の生活者のどーってことない雑談が聞こえてくる感じがいいんだよね」

桃浦駅から霞ヶ浦までは徒歩5分ほど。泉さんは湖畔で地図を広げて霞ヶ浦の大きさに驚いた様子。

桃浦駅前の民家・野口さんのお宅でお茶によばれた泉さん。母屋の隣にある倉庫には霞ヶ浦の漁で使う網が。

昭和30年代の旧型車両に乗り
霞ヶ浦の湖面を車窓に観る

車窓に、霞ヶ浦の輝く水面を映しながら走る鹿島鉄道。夕日に染まる霞ヶ浦（写真左）の風景も素晴らしい。

無人の桃浦駅で帰りの列車をひとり待つ泉さん。「生活者の姿が見えて、のんびりした旅行でした」と一言。

車両はレトロでも、夕方、利用していたのは今時の元気な学生！携帯電話も鳴り響いてしまう。

上野駅から茨城県勝田駅へはJR特急フレッシュひたちを利用。乗車券と特別料金あわせて4020円。急ぎ足で茨城交通に乗り換え勝田駅から那珂湊駅までは350円。再び茨城交通で那珂湊駅―勝田間350円。勝田から石岡まではJR特急で1750円。鹿島鉄道石岡駅―桃浦駅の往復は1040円。石岡駅から上野駅はJR特急で2860円。合計1万370円

茨城交通、鹿島鉄道の旅プラン

8:30 上野発
↓ 常磐線 JR特急フレッシュひたち9号
9:57 勝田着
10:00 勝田発
↓ 茨城交通
10:14 那珂湊着
↓ 那珂湊魚市場を見学して、回転寿司屋でたっぷりと食事
14:10 那珂湊発
↓ 茨城交通
14:24 勝田着
14:38 勝田発
↓ 常磐線
15:22 石岡着
15:54 石岡発
↓ 鹿島鉄道・鉾田行
16:16 桃浦着
17:39 桃浦発
↓
18:01 石岡着
18:13 石岡発
↓ 特急フレッシュひたち52号
19:08 上野着

 取材・文／のかたあきこ　撮影／米屋浩二

ＳＬ列車が運転されるのは、8月は金・土・休日と、9月・10月は土・休日。1日1往復のみ。

東京発日帰りプラン2

真岡鐵道 下館～益子

小型の蒸気SL列車に乗って、焼き物の街・益子へ

つくばエクスプレスで出発し、守谷駅で関東鉄道に乗り換えると、秋葉原駅から真岡《もうか》鐵道の起点・下館駅まで、スピーディな1時間45分の道のりだ。

「ＳＬ列車は、真岡鐵道のイメージをおおいに高めてくれました。年間を通して土曜・休日にたいてい運転しています。運転日の多さは自慢できます」

と事業部長の竹村高さん。

「昔はＳＬも動かしたけれど、今は若い者にまかせているよ。５人養成したので大丈夫」

ディーゼルカーの運転士、宇野光雄さんが、そう話してくれる。

野太い汽笛を鳴らして、出発進行！筑波山を右手後方に見ながら、平野を坦々と走る。

乗車券のほかにＳＬ整理券が必要だが、座席はすべて自由席。ひとり旅には、このほうがありがたい。４人ボックス席のほかに、窓を背にしてすわるロングシートがある。

益子に着いて、まず「岩下製陶」で登り窯を見学した。窯主の岩下哲夫さんはいう。

「関東最大の登り窯です。昭和五十年ごろまで使っていました。炎を吹き出し、黒い煙を上げて、長いときは７０時間も燃え続けるのです。温度は１３００度にも達します」

なんだか蒸気機関車の話を聞いているようで、親しみがわいてくる。丸くずんぐりした形がそもそも可愛らしい。薪を入れる正面の「大口」や側面の小さな「色見穴」が、生き物の目や口を思わせる。

焼き物の純朴さ、伝統、作家の魂を登り窯が象徴しているといえそうだ。

益子最大の窯元「つかもと」を訪ねたら、登り窯は〝現役〟だった。

「11月の陶器市のとき火を入れます。今年は沖縄のシーサー作家の作品や、一般から募集した作品を焼きます」

営業部長の斉藤一明さんがいう。

ＳＬにも焼き物にも、一度足を入れた者をとりこにする魔性がある……。

レンタサイクルなら益子駅から5分ほどで、益子の中心地「陶芸の道」入口に着く。

昭和初期生れのＣ11形とＣ12形が、今もよく磨かれて元気いっぱい。ゆるい上り坂にさしかかると懸命に煙を上げて力走する。

益子駅では、益子焼の大きな壷が旅行者を歓迎している。駅の横に観光案内所もある。

真岡駅の駅舎は、アッと驚く巨大なＳＬ形。構内にＳＬの車庫があることにちなんだもの。

つかもと　ショッピングプラザには皿、湯呑、花器などの陶芸品がずらり。今年の新作、ペット食器（1890～2625円）も人気の的。「美術記念館」内の茶房では、巨匠の作ったカップでコーヒーが飲める（400円）。「つかもとで昭和30年ごろはじまった研究生制度が、今日の益子焼を背負う多くの優れた陶芸家を生みました」と営業部長の斉藤さん。☎0285・72・3223

岩下製陶　☎0285・72・4989

1人1時間2000円で陶芸教室を開いていて、参加者はろくろ回しを体験できる。通って勉強することで「心の洗濯」をしている人もいる。「土いじりの好きな人や手先の器用な人が上達が早い」と、窯主の岩下哲夫さん。関東最大の登り窯は一見の価値がある。

●切符の料金
●秋葉原→守谷（つくばエクスプレス）800円
●守谷→下館（関東鉄道）1210円
●下館～益子（真岡鐵道往復）1480円
●ＳＬ整理券（1号・2号）1000円
●下館→新宿（ＪＲ運賃）1620円
合計6110円

（写真左から）つかもとの美術記念館営業部長の斎藤一明さんと、白石光子さん。

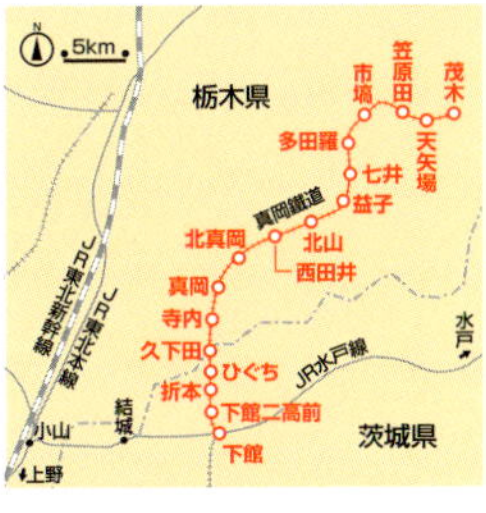

真岡鐵道のSL列車と益子焼 日帰りプラン

8:00　秋葉原発
↓ つくばエクスプレス快速
9:00　守谷着
9:15　守谷発
↓ 関東鉄道　普通
10:00　下館着
10:15　下館発
↓ 真岡鐵道 SLもおか1号
10:30　益子
益子焼の窯元探訪
15:03　益子発
↓ 真岡鐵道 SLもおか2号
15:30　下館着
16:23　下館発
↓ 水戸線　普通
16:44　小山着
16:56　小山発
↓ 湘南新宿ライン
18:18　新宿着

　取材・文／松尾定行　撮影／助川康史　真島満秀写真事務所

小淵沢駅を発車した小海線のディーゼルカーは、南アルプスを背後に見ながら築堤を登る。

東京発日帰りプラン3

小海線

小淵沢～清里～野辺山

日本最高所を走る高原列車で爽やかな牧場の風を愉しむ

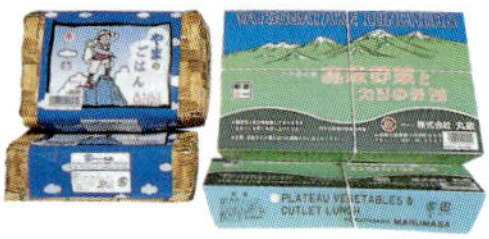

テレビ番組から生れた「元気甲斐」(1300円)、定番の「高原野菜とカツの弁当」(850円) など、小淵沢駅の駅弁は旅行者の評価が高い。

「野辺山ＳＬランド」のミニＳＬ列車は、小海線で親しまれた蒸気機関車「高原のポニー」を彷彿とさせる。一周350m、約5分。

南アルプス、八ケ岳など夏山の車窓展望。そして高原の駅におりたつさわやかさ。小海線の魅力は尽きない。

清里駅から歩いて約2分の清里バスセンターで、運転手さんがアドバイス。

「清里が初めてなら、やっぱり清泉寮でしょう」

「清里ピクニックバス」は、おもな観光スポットをめぐる気楽な足。

「アメリカ人のポール・ラッシュ博士が戦後すぐ、ここに高冷地実験農場を建設しまして『清里開拓の父』と呼ばれています。宿泊施設・レストラン・パン&ジャム工房などがあります」

と、清泉寮営業部長の武川尚志さん。

清泉寮をはじめ、周辺の自然歩道、キャンプ場、ファームショップなどは(財)キープ協会によって運営されており、その敷地は240万平方mにもおよぶとのこと。

つづいて「ピクニックバス」は「まきば公園」へ向かう。

「まきば公園」は「山梨県立八ケ岳牧場(天女山分場)」の一部を開放した広大な公園で、ひとり旅にも気軽なスポットだ。斜面に放たれたポニーや羊がのんび

野辺山高原の野菜畑に、涼やかな風と、ディーゼルカーの軽やかな走行音が流れる。

上／「まきば公園」でのんびり草をはむ羊たち。下／ジャム、ワイン、味噌、乳製品など八ケ岳南麓の特産品直売所が行く先々にある。

清里駅～野辺山駅間に「鉄道最高地点（標高1375m）」があり、線路際に碑がたっている。

清里ピクニックバス」は１日に北回り７本、西回り４本、南回り５本運転。☎0551・48・2000

小海線のマスコット・キャラクター「やっピーくん」が列車の入口で笑っている。

り草をはむ光景を眺めていると、ふだんの憂さが飛んでいく。

「ウメーエエー」と鳴く羊さんたちの声に、こちらの腹もグーッ。レストランでは、山梨県産の農畜産物を素材にした「まきば料理」が出る。

「ピクニックバス」で向かう3つ目の名所は「美し森」。

斜面にジグザグに設けられた木道を息を切らしながら登っていくと、展望が開け、清里はたしかに八ケ岳山麓の高原に広がるリゾートであることが、手にとるように見てとれる。

展望台から見渡すはるかな山並みは青くかすんで、人恋しくなるような眺めだ。

清里の帰りに「野辺山ＳＬランド」に寄っていこう。

「台湾の砂糖キビ畑で働いていたＳＬです。小海線の『高原のポニー』を思い出してもらえれば、うれしいです」

園長の小原由広さんは、Ｃ56形ＳＬが小海線で「高原のポニー」と呼ばれ親しまれていた時代を知っている。

ミニＳＬの「ヒョッ、ヒョー」という汽笛が、旅人の遠い記憶を呼び覚ますように、キャベツ畑に流れていく。

清里ならではの清涼な風景が広がる「美し森」。バス停から展望台まで歩いて約20分。

小海線の日帰りプラン

7:30 新宿発
↓ 特急「あずさ3号」
9:36 小淵沢着
9:39 小淵沢発
小海線　臨時快速
10:03 清里着
↓「やっピー八ケ岳号」
11:15 清里バスセンター発
↓ 清里ピクニックバス
11:26 まきば公園着
13:21 まきば公園発
↓ 清里ピクニックバス
13:26 美し森着
14:16 美し森発
↓ 清里ピクニックバス
14:43 清里バスセンター着
15:37 清里発
↓ 小海線
15:45 野辺山着
↓ 普通
16:57 野辺山発
↓ 小海線
17:29 小淵沢着
↓ 普通
17:41 小淵沢
↓ 中央東線　特急
19:35 新宿
「スーパーあずさ30号」

●切符の料金
●山手線内→野辺山（JR往復運賃）6520円
●新宿→野辺山（あずさ繁忙期指定席特急料金）2810円
●清里ピクニックバス（1日周遊券）600円
●小淵沢→新宿（スーパーあずさ繁忙期指定席特急料金）2810円
合計1万2740円

 取材・文／松尾定行　撮影／松尾定行　セブンフォト

東京発プラン4

JR吾妻線

渋川～川原湯温泉～大前

上州の渓谷美を眺めながらダムに沈む運命の川原湯温泉へ

吾妻《あがつま》線は、渋川駅で上越線から分岐する単線のローカル線だ。55・6キロ進んで、大前駅で行き止まりとなる。

川原湯温泉駅が近づくころ、車窓に寄り添う吾妻川の谷が狭まり、列車は深い緑のなかをクネクネ走る。山々は高くそびえて天をかくし、見下ろせば細く深く大地を刻む流れ。——景勝の地、吾妻渓谷だ。

そこに日本の鉄道ではいちばん短い樽沢トンネルがある。わずか7・2m。アッという間にくぐりぬける。

川原湯温泉は、木造の建物が斜面に肩を寄せ合う純朴な温泉地。

しかし、食堂「旬」の主人で観光協会書記の水出耕一さんがいう。

「ここは、早ければ2020年ごろ、ダム湖のなかに沈むんです。一軒、また一軒と移転して、今では旅館・民宿は11軒になりました。飲み友だちも減って、寂しいです」

八ッ場という場所に巨大ダムが建設され、樽沢トンネルも駅も消える。

川原湯温泉に共同浴場は3つ。「聖天様露天風呂」の近くには、子孫繁栄の神様が祀られていて、お供え物が微笑ましい。「王湯」の露天風呂につかれば、目の前

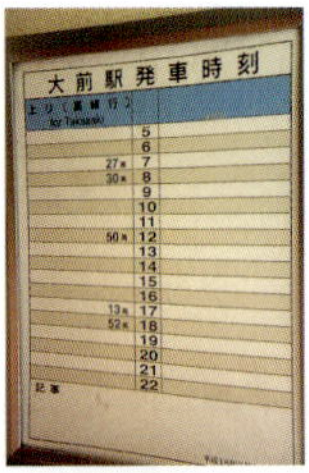

終点の大前駅には1日に5本の電車がやってきて折り返すのみ。ひっそり静かな無人駅だ。見てのとおり、時刻表も実にすっきりとしている。

つまごいかん
群馬県吾妻郡嬬恋村大前高岩1077
☎0279-96-0443
料金　日帰り入浴1000円（14時～）宿泊1泊2食8400円～　㉍大前駅下車すぐ

嬬恋温泉「つまごい館」のお風呂は、源泉かけ流しの天然温泉。冬季はすこし加熱する。

（上）木造平屋の小ぢんまりとした川原湯温泉駅。電話で呼べばタクシーもくる。平成2年に湧出した新川原湯源泉の前に、足湯が作られている。無料。「王湯」からすぐ。新源泉の湯温は80℃。足湯の横に、温泉卵を作るスポットが設けられている。

吾妻線は、全長55．6kmの単線・電化のローカル線。四万温泉、伊香保温泉、草津など、温泉地はよりどりみどり。

樽沢トンネルは、日本一短い鉄道トンネル。電車1両(長さ20m)の半分もない。

渋川駅から２０分、中之条を過ぎると田園地帯から、深い渓谷となる。

春まつりで神楽が奉納される川原湯神社。新源泉から石段をすこし登ったところにある。

(左)川原湯温泉駅から隣の岩島駅方向の線路沿いに吾妻渓谷が延びていて、遊歩道がある。

たかだや
群馬県長野原町川原湯温泉
☎0279―83―2411
料金　日帰り入浴のみ1050円
砂塩酵素風呂(日帰り入浴含みます)
2625円～
宿泊　平日1名1室1万3590円～
平日2名1室1万440円～
(1泊2食付き、税込・サービス料込)
休祭前日は1575円増し。
入浴時間　20時閉館
(日帰り入浴は2時間以内)
交 吾妻線川原湯温泉駅から徒歩15分

川原湯温泉「高田屋」の砂塩酵素風呂。係の人に砂をかけてもらい、約15分間横になる。

しょうてんようおんせん(写真右)
王湯(写真左上と左中央)ささゆ(写真左下)
群馬県長野原町川原湯温泉
☎0279―83―2591
(川原湯観光協会)
料金300円(王湯、笹湯)
料金100円(聖天様露天風呂)
入浴時間
聖天様　時間7時～20時
(※12月～3月は19時まで)
王湯　時間10時～18時
(※12月～3月は17時まで)
笹湯　時間10時～20時
(※12月～3月は19時まで)
吾妻線川原湯温泉駅から徒歩15分

右／森の中に作られた混浴の「聖天様露天風呂」。上/共同浴場「王湯」。旧源泉の上にあり、湯の温度は72℃と高い。下/共同浴場「笹湯」。青く透き通って、泉質のよさを物語っている。

日帰りローカル線の旅

吾妻線の旅プラン

8:39　上野駅発
↓ 快速アーバン
9:36　高崎駅発
↓ 吾妻線
12:29　大前駅着
↓ つまごい温泉
15:51　万座・鹿沢口発
↓
※大前駅からは、17時まで列車がありません。万座・鹿沢口駅までタクシーで移動する方法がお薦めです。

16:41　川原湯温泉着
↓ 聖天様露天風呂 王湯 笹湯
高田屋の温泉に入る
19:23　川原湯温泉発
↓
20:39　高崎駅着
21:04　高崎駅発
↓ 特急あかぎ12号
22:26　上野駅着

● 切符の料金　山手線内→万座・鹿沢口(ＪＲ運賃)3260円　●上野→川原湯温泉(草津1号繁忙期指定席特急料金)2390円　●川原湯温泉→万座・鹿沢口1210円　●万座・鹿沢口駅→嬬恋村役場前(ＪＲバス運賃)250円　●大前→山手線内3260円　●新前橋→上野(あかぎ20号自由席特急料金)1300円　合計1万1670円

は緑一色。足元は切り立った絶壁だ。

「自然がこんなに豊かに残っていて、駅から近くて、心と体を芯から癒せる温泉なんです。私の代でつぶすつもりはありません」

そういって胸を張るのは、温泉旅館高田屋の主人、豊田明美さんだ。

吾妻線は別ルートに付け替えられ、山の高いところに新しい駅ができる。その駅前にいくつかの旅館が移る計画になっている。

午後は、終点の大前まで行った。

「鉄道ファンの方が、全国からいらっしゃいますよ。なにしろ1日に5本しか電車がない終着駅ですから」

と、嬬恋温泉つまごい館の主人、黒岩和さん。ホームの前にたつ一軒宿だ。

 取材・文／松尾定行　撮影／石崎幸治、真島満秀写真事務所

身延線

甲府～富士

富士山をぐるりと一周して、寺社と信玄公隠し湯を訪ねる

新宿 東京

左：下部温泉会館、窓の外は渓流。㊔10時～18時　300円　☎0556・36・0124　中：下部温泉の駅。下部温泉は、武田信玄の隠し湯として有名。温泉街は、駅から歩いて約１キロ。右：源泉館　混浴の岩風呂がある。㊔8時～17時　1000円　☎0556・36・0101

日蓮宗の総本山・身延山久遠寺。うっそうと茂る老杉のなかに、287段の石段がつづく。登りつくと本堂・祖師堂などの大伽藍。ロープウェイで奥の院へ足を延ばせば、富士山の眺望が開ける。門前町のそぞろ歩きも楽しい。

富士山本宮・浅間大社。富士駅から徒歩約10分の市街地にある。鎮座1200年の記念事業が完成し、今年10月には奉祝祭が開かれる。祭神は、木花之佐久夜毘売命。湧玉池には、水温13℃の「富士山御霊水」が毎秒約3.6kl湧き出している。

富士山のビューポイントを鉄道写真家の猪井貴志さんに教えてもらった。

「西富士宮の大カーブがナンバーワン。あとは富士駅から富士宮駅にかけて、天気さえよければ、ずっと見えるよね」

というわけで、築堤の上にホームを置いた竪掘駅で下車。駅員の伊藤博之さんが、笑顔で話してくれた。

「身延線の駅では、ここがいちばんきれいに富士山の見える駅です。『青春18きっぷ』をつかって、全国から写真を撮りにこられますよ」

裾野をひく富士山の麗姿を見て、次の電車で富士宮へ。

浅間大社に行ってみることにした。

「富士山の八合目以上は、本宮の境内なんです。今年、鎮座一千二百年を迎え、本殿の朱色が鮮やかに塗り替えられました。全国で唯一の二階建てで、国の重要文化財に指定されています。特別天然記念物の湧玉池には、地下をおよそ30年かかって流れた富士山の雪解け水が湧きだしています」

神主の外山貴寛さんの説明。

特急「ふじかわ5号」で身延へ。

西富士宮駅を過ぎると、列車は大きな左カーブの築堤を登る。富士山が車窓の右から左へゆっくり移り、町並みが箱庭のように眼下に広がる。全国に数多い「車窓の名所」のなかでも、とりわけ雄大な眺めを楽しめる2分間だ。

このあとやがて電車は富士川に沿って走るようになる。河岸の断崖に小さなカーブと短いトンネルを繰り返して〝鉄の細道〟がかろうじて延びている。

富士川の川原はたいへん広く、しかも周りの山々は驚くほど高い。

日蓮宗の総本山・久遠寺《くおん》では、僧侶の

身延駅のすぐ近くにある和食処「いち川」。身延名物のゆば料理が食べられる。人気メニュー・いち川御前は、2500円。☎0556-62-1234

身延線で富士山を仰ぎながら寺社と隠し湯満喫　日帰りプラン

7:56　東京発
↓ 東海道新幹線　こだま533号
8:55　三島
9:05
↓ 東海道線　普通
9:28　富士
9:40
↓ 身延線 特急ふじかわ3号
9:50　富士宮
↓ 浅間大社　参詣
10:50　富士宮
↓ 身延線 特急ふじかわ5号
11:31　身延
11:43　身延駅
↓ 山梨交通タウンコーチバス
11:57　身延山
↓ 久遠寺　参詣
13:30　身延山
↓ 山梨交通タウンコーチバス
13:44　身延駅
14:04　身延
↓ 身延線　普通
14:15　下部温泉
↓ 共同湯 下部温泉会館 入浴
16:07　下部温泉
↓ 身延線　普通
17:24　甲府
17:27
↓ 中央東線　特急かいじ118号
19:06　新宿着

御殿場線の岩波～裾野の間で見られる富士山の絶景。写真・牧野和人

身延線の善光寺駅から見える富士山。ホームの全域から見える。写真・田畑潤

身延線の竪堀駅から見られる富士山。ホームのほとんどから見える。写真・田畑潤

●　切符の料金　東京都区内→富士→甲府→東京都区内（ＪＲ運賃）6090円　●東京→三島（こだま繁忙期指定席特急料金）2390円　●富士→富士宮（ふじかわ繁忙期指定席特急料金）1440円　●富士宮→身延（ふじかわ繁忙期指定席特急料金）1440円　●身延駅～身延山（バス往復運賃）560円　●下部温泉→甲府（ふじかわ繁忙期指定席特急料金）1440円　●甲府→新宿（かいじ繁忙期指定席特急料金）2010円　合計1万5370円

富士山が見える身延線の駅

富士	駅南口から
柚木	ホームのほとんどから
竪堀	ホームのほとんどから
入山瀬	ホームの富士宮寄りと跨線橋から
富士根	ホームの富士宮寄り
源道寺	ホームのほぼ全域から
富士宮	駅東口から
西富士宮	ホームの芝川寄りから
沼久保	ホームから
久那土	ホームから
甲斐岩間	ホーム全域
東花輪	ホームのほぼ全て
小井川	ホーム全域
常永	ホームの中央付近
国母	ホーム全域
甲斐住吉	ホームの所々
南甲府	ホームの甲斐住吉側から
善光寺	ホームの全域から
金手	ホームの甲府寄りの建物から

山尾望さんが作成しているホームページより作成。http://forum.nifty.com/fyamap/eki/eki

富士宮駅の名物は、焼きそば。戦後引揚者によって作られたという味が特徴。店名は富士宮やきそば学会。

ローカル線ではないが、東海道新幹線の絶景ポイントは、三島と新富士駅間。写真・牧野和人

身延線の西富士宮と沼久保間で見られる富士山。写真・牧野和人

田辺行厚さんにお話をうかがった。

「敏感な方なら空気感の変化を感じられると思いますが、三門からこちらは、森厳な聖域です」

それにしても土産物屋・食堂・旅館などが並ぶ門前町は懐かしさがいっぱい。バスをおりると時間が40年くらい遡ったように思う。

旅のしめくくりは「武田信玄の隠し湯」として名高い下部温泉を訪ねた。

山越えて入りし古驛の霧のおくに
　電燈の見ゆ人の聲聞こゆ

若山牧水の歌碑が湯治の古湯の前にたっている。

取材・文／松尾定行　写真／タナカシンイチ　松尾定行　真島満秀写真事務所

名古屋発プラン1

中央本線

名古屋〜上松

木曽ヒノキの自然林で森林浴と散策を楽しむ

(上)上松の駅前広場には“木曽五木”を象徴する巨大なヒノキが。(下)中央本線倉本〜上松間では木曽川にできた奇勝・寝覚の床を車内から眺められる。(左)樹齢300年というヒノキの巨木が立ち並ぶ赤沢自然休養林。

名古屋発4プラン

鉄道の達人・松本典久さんが選ぶベストプラン4コース

① 中央本線
② 大井川鐵道
③ 長良川鉄道
④ 近鉄〜伊勢湾フェリー〜名鉄

名古屋発4路線を選んだポイント

名古屋は、JRの新幹線ほか、東海道本線、中央本線、関西本線、さらには名鉄や近鉄、地下鉄などのターミナルとなり、鉄道が発展した便利な都市だ。どの方向にも観光に魅力的なポイントが連なっており、日帰りで楽しむプランも無数に考えられる。ここでは森、湖、川、海などをテーマにしたプランを紹介しよう。

松本典久 1955年東京生まれ。鉄道をテーマに『鉄道ファン』『にっぽん列島鉄道紀行』などにルポを発表。近著は『空から眺める鉄道ルート』(実業之日本社)など。

「木曽はヒノキ・サワラ・ネズコ・アスナロ・コウヤマキの〝木曽五木〟で知られていますが、中でも上松は大きな木材集積地だったんですよ。子供のころは家のわきに森林鉄道があり、原木を積んだ列車が通ると家がぐらぐら揺れたもんです」

とは上松駅前観光案内所に勤務する早川ふささん。

中央本線上松駅のホームに降り立つと、清涼感あふれる木の匂いに包まれた。駅に隣接した広場は原木の集積場。山の町にやってきたことを実感する。実はこの集積場、早川さんの話に出てきた森林鉄道のターミナルとなっていたところだ。木曽森林鉄道は国内最後の森林鉄道として１９７５年まで運行されており、最盛期は木曽管内だけで約４２８キロにおよんだという。

上松駅からバスで30分ほど山に入った赤沢は、今でも樹齢三百年におよぶヒノキ天然林が残され、青森ヒバ、秋田スギと共に日本三大美林に数えられている。森林浴発祥の地としても知られる赤沢自然休養林を訪ねてみよう。

バスは小川と呼ばれる渓谷に沿って進んでゆく。水面は淡いエメラルド。深山に分け入ることを実感する。かつては赤沢にも森林鉄道が連絡しており、その鉄橋跡などもバスの窓から見て取れる。

赤沢自然休養林は標高１０８０〜１５５７メートル、約７２８ヘクタールにおよぶ森だ。１９６９年に初の自然休養林に指定され、一般散策向けの整備も行われてきた。現地でガイドを行っているＮＰＯ法人「木曽ひのきの森」の長戸宏幸さんは、

「現在７つの散策コースが開かれ、それぞれ特徴ある景観が楽しめます。手軽に

赤沢自然休養林の向山コースを歩くと、樹木の根が地表に露出した「走り根」が見られる。雨が降ると小さな棚田の様相。

「木曽ひのきの森」ガイドの希望者は1週間前までに上松町観光協会☎0264-52-2001に申し込むこと。料金は10名以上1人500円、9名以下1組5000円。コースは人数や脚力によって90〜120分。

ヒノキでできた森林鉄道の乗車券（おとな700円、こども400円。ただし8月5日〜15日はイベントのため特別料金となる）。

赤沢自然休養林内の渓流沿いを走る森林鉄道。廃止後に復元されたものだが、線路敷きや機関車は現役当時のものを活用、当時の雰囲気を体感できる。

（上）赤沢ではソバ寿司などもあしらった「せせらぎお弁当」（750円。せせらぎの里 赤沢☎0264-52-2792に要予約）が人気。（下）上松の町では、マンホールにも森林鉄道が。描かれた蒸気機関車は休養林内に保存展示中。

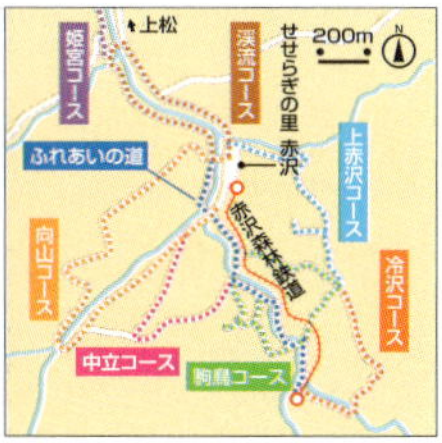

散策コースは赤沢自然休養林内に７つ整備されている。コースの平均所要時間は、最短40分、最長110分となっており、組み合わせて楽しむことも可能だ。

（上）タコ足のように根を浮かせてそそり立つ駒鳥コースの「根上がり木」。（下）車イスでも森林浴が楽しめるように整備されたふれあいの道。渓流沿いに進む、夏でも涼しいおすすめコース。

日帰りローカル線の旅

散策されるなら渓流沿いに歩くふれあいの道、ヒノキ樹林を歩く駒鳥コースなどがおすすめです」という。

そして赤沢ならではの魅力がもうひとつある。この自然休養林内に森林鉄道が復元され、だれでも試乗できるのだ。現役当時の線路を走る森林鉄道の保存列車は日本ではここだけ。往復25分、森の中をゴロゴロと走る小さな列車は往年の姿を十分に体感させてくれる。

「最近、途中の呑《どん》曇《どん》淵《ふち》ではカモシカが出るようになり、車内から見ることもできますよ」

とは、蒸気機関車時代から木曽森林鉄道で働き、現在も機関士を務める樽澤今朝雄さん。保存車両も美しく整備され、鉄道ファンにとっては聖地のような施設なのである。

なお、木曽川の寝覚の床などが一望にできる中央本線の車窓もお見逃しなく。

中央本線・赤沢森林鉄道の旅プラン

8:18 名古屋
↓ 快速ナイスホリデー木曽路　※1
10:28 上松
10:45 上松駅前
↓ おんたけ交通赤沢美林行きバス　※2
11:15 赤沢美林
↓ 赤沢自然休養林で森林浴と散策を楽しむ
赤沢森林鉄道乗車
せせらぎの里 赤沢及び周辺施設などへ
15:45 赤沢美林
↓ おんたけ交通木曽福島行きバス　※2
16:15 上松駅前
16:32 上松
↓ 快速ナイスホリデー木曽路　※1
18:45 名古屋

※1快速ナイスホリデー木曽路は7/22〜8/27の土曜・休日のみ運転。
※2赤沢のバスは7/22〜8/27の毎日運転。

中央本線には特急「（ワイドビュー）しなの」が約１時間おきに運転されているが、赤沢の玄関口となる上松に停車する列車は少なく、快速「ナイスホリデー木曽路」が便利。旅費は名古屋〜上松往復JR運賃4420円、上松〜赤沢美林往復バス運賃1800円で、合計6220円。「青春18きっぷ」や「青空フリーパス」を使えばさらにリーズナブル。

撮影◎山本卓蔵、松本典久、真島満秀写真事務所、上野滋数

名古屋発プランのん

大井川鐵道

金谷～千頭～井川

ＳＬ&アプトラインで渓谷と湖畔の涼に浸る

静岡県の中央部、大井川に沿って走る大井川鐵道は、ＳＬとアプト式鉄道で有名なローカル私鉄だ。両方の列車を利用して、南アルプスの懐に広がる井川湖を訪ねてみよう。

まずは東海道本線の金谷駅に隣接したホームからＳＬ急行「かわね路号」で千頭駅に向かう。大井川鐵道のＳＬ運転は今年30周年を迎えているが、単に歴史があるだけでなく、保有しているＳＬの数が多く、客車も国鉄の古い車両を中心にコレクションしているのが特徴。車両が多いため、運転本数も多く、〝昭和の汽車旅〟をそのまま味わえるのだ。もちろん、大井川と川根茶で知られるお茶畑の織りなす車窓も変化に富んでいる。

「乗車するだけでなく、千頭駅にある転車台も見てくださいね。ＳＬの向きを変える施設ですが、文化財として産業遺産に指定されています」

ＳＬ急行の終点、千頭駅にあるＳＬ資料館の鈴木優さんが教えてくれた。

千頭駅ではＳＬ急行から〝南アルプスあぷとライン〟こと井川線に乗り換える。急峻な渓谷に分け入るため、車両は頭をぶつけそうなほど小さい。出発すると急なカーブに車輪をキーキー鳴らしながらゆっくりと進んでゆく。

アプト式鉄道というのは急な坂を登るために考えられた工夫で、レールの間に歯車が敷設されている。これを車両の歯車と噛み合わせて登っていくのだ。井川線の全線がそうなっているのではなく、長島ダムに向かう1駅間だけ。列車がアプトいちしろに到着すると、ここで専用のアプト式電気機関車を連結する。

「アプトいちしろを出発するとすぐに1000分の90という急な勾配。長島ダム

(左上)車窓からは、銘茶「川根茶」の畑が見える。(左下)SL復活30年を記念してつくられた「SL復活30周年記念弁当」(1000円)。オリジナル缶茶と旅のしおりが付く。前日までに要予約(大鉄商事部☎0547-45-2230)。

SLに連結されるのは、座席や手すりなどが木造の旧型客車「オハ35」。冷房代りに風を窓から取り入れるが、煙が入らぬようトンネルで開閉するのが懐かしい。ボックスシートでは、昭和の思い出話に花が咲く。

(上)足がすくむほどの高さがある鉄橋を、あぷとラインは進んでいく。客車が小さいことと、山間のひんやりとした空気が相まって背筋が涼しく感じられる。(下)終点の井川駅には地元産の山菜などを扱う売店が隣接。

(上)アプトいちしろ～長島ダム間は勾配が最もきつく、目で見てもわかるほどだ。(左)井川駅から井川本村へ向かう遊歩道の途中、下中山沢には「夢の吊り橋」が架かっている。長さ80m、幅80cm。踏み板は幅30cm。定員は5人という注意書きがある。湖面までの高さはおよそ20mもある。

井川ダム周辺の散策は、まず徒歩で井川本村へ向かおう。途中、アルプスの里、夢の吊り橋などがある(健脚向き約60分)。本村ではゆっくりしたいが、静岡市営の井川湖渡船(15:10発)で井川ダムへ急ぎ戻る。バスも利用可。

旅費は名古屋～金谷往復9860円(新幹線自由席特急料金含む)、金谷～井川往復6180円、そしてSL急行料金560円で、合計1万6600円。大井川鐵道には2日間有効全線乗り放題の「大井川・あぷとラインフリーキップ」(おとな5500円)もあるが、ハイシーズンの8月は使えない。リーズナブルにやるなら新幹線をやめるか、9月がおすすめ。

(上)駅前のやまびこ食堂の名物「山菜天ざる」(900円)。(右)井川本村とダムを20分で結ぶ無料の井川湖渡船。

日帰りローカル線の旅

まで崖にへばりつくような線路を登っていき、その車窓は迫力がありますよ」

とは、かつて運転を担当していた井川駅の西村直也さん。長島ダムでアプト式は終わってしまうが、その後も迫力ある車窓は終点の井川駅まで続いている。

列車の旅を満喫した後は、井川情報ステーション宮崎みゆきさんのおすすめにしたがい、周辺の散策を楽しもう。

「井川駅からは遊歩道と渡し船を使い、井川湖の湖畔に点在するえほんの郷や井川大仏をめぐるコースは、ゆっくり歩いても2時間ほど。途中にあるアルプスの里のそばやかしわ餅もおいしいですよ」

険しい行路の井川線でたどり着いただけに井川駅のそばに広がる井川湖の眺めは桃源郷のように見えた。帰路に乗った渡し船からは湖の奥に連なる2000メートル級の南アルプスも望め、印象的な旅となるだろう。

大井川鐵道の旅プラン

8:01 名古屋
↓ 新幹線 こだま584号
9:04 掛川
9:11
↓ 東海道本線 上り普通列車
9:26 金谷
10:02
↓ 大井川鐵道 SL急行
11:25 千頭
12:00 千頭
↓ 南アルプス あぷとライン
13:50 井川
↓ 井川ダム周辺散策
15:48 井川
↓ 南アルプス あぷとライン
17:38 千頭
18:13 千頭
↓ 大井川鐵道 上り普通列車
19:27 金谷
19:47
↓ 東海道本線下り 普通列車
20:00 掛川
20:14
↓ 新幹線 こだま587号
21:18 名古屋

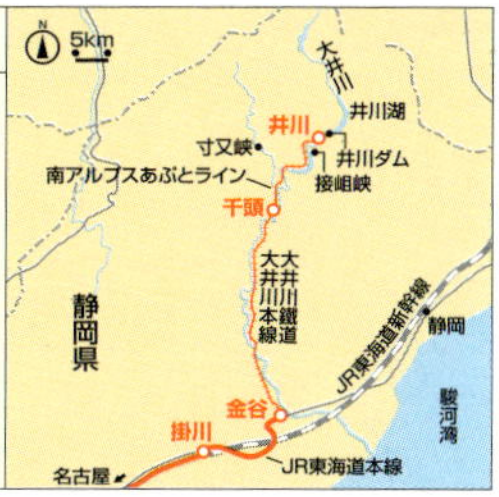

 撮影◎片山貴博、久保塚導、真島満秀写真事務所

名古屋発プラン3

長良川鉄道

美濃太田～郡上八幡

水の街郡上八幡で鮎料理を堪能する

(上)清流を横に見ながら列車は走る（相生～郡上八幡間）。(下)郡上八幡駅は国鉄越美南線時代の面影を残す。駅舎内には国鉄時代の硬券切符収納台など鉄道資料が展示される。

夜通しで行われる夏の「郡上おどり」で有名な岐阜の郡上八幡。清流として名高い長良川に注ぐ吉田川のほとりに開けた小さな城下町である。名古屋から日帰りで訪ねてみよう。

郡上八幡へは美濃太田から出ている長良川鉄道を利用する。この路線はかつて国鉄の越美南線として運行されていたもの。国鉄時代は美濃と越前を結ぶ列島横断線として計画されていたが、大儀を果たせぬまま現在に続いている。美濃市を抜けると線路は長良川に沿って走り、車窓の素晴らしさは折り紙つきだ。

「美濃太田から列車に乗り、乗客の言葉が美濃弁から郡上弁に変ってくると、ふるさとに帰ってきたことを実感します」

郡上八幡の歴史・文化について展示する「郡上八幡博覧館」の金子徹さんは、越美南線時代から利用してきた長良川鉄道の魅力をそう語ってくれた。

郡上八幡といえば、水の良さでも有名。そんな水を集めた吉田川に育つ鮎は本流の鮎より一頭地抜いている。

「急流でコケの質がいいため、吉田川の鮎は身が引き締まり、香りも最高です」

とは、町内の殿町で明治13年創業という老舗旅館「吉田屋」を営む棚橋信互さん。ここでは鮎づくし(6000円)などの昼食も扱っている。天然物にこだわった鮎を仕入れ、刺し身から塩焼きまでさまざまな料理法で鮎を楽しませてくれる。

旬の味を楽しみ、縦横に水路の走る町並みをそぞろ歩く。橋の上から覗き込む川面に白金の鮎がきらりと輝いた。

郡上八幡は、山ノ内一豊の妻・千代が生まれた土地。城山公園内には、再建された城が建つ。

中心部にある「宗祇水」は名水百選にもなった。いまでも地元の人たちの生活用水だ。

成長した子どもたちが度胸試しに飛び込むことで全国的に知られる名所、新橋。高さは約12mで大人でも足がすくむ高さだ。

市内には宗祇水をはじめとする名水が多数湧き出し、井戸も多い。また「やなか水のこみち」など水をテーマにした美しい街路もあちこちにある。

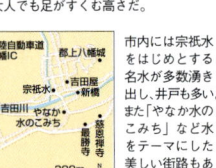

長良川鉄道の旅プラン

8:24 名古屋
↓ 東海道本線下り普通列車
8:42 岐阜
8:47
↓ 高山本線下り普通列車
9:29 美濃太田
↓ 長良川鉄道下り普通列車
11:07 郡上八幡
↓ 郡上八幡市内散策、吉田屋、宗祇水など
16:05 城下町プラザ
↓ 岐阜乗合自動車高速バス
17:58 名古屋駅前

長良川鉄道の起点となる美濃太田へは岐阜または中央本線の多治見経由で。モデルコースは所要時間の短い岐阜経由を紹介したが、運賃は多治見経由のほうが160円安くなる。帰路は名古屋へ直通する岐阜乗合自動車の高速バスで。1日2往復の運転だが、所要・運賃共にこちらの方が有利。旅費は往路2310円、復路2000円で、合計4310円。

(右)香り高く身の引き締まった鮎の刺身（1000円）は天下一品の味わい。（左）吉田屋は鮎料理で知られる割烹旅館（郡上市八幡町殿町160☎0575-67-0001）。

撮影◎山本卓蔵、真島満秀写真事務所

名古屋発プラン4

近鉄・伊勢湾フェリー・名鉄

新型特急列車でゆく ぐるり伊勢湾一周の旅

名古屋鉄道と近畿日本鉄道は特急形車両を持っている私鉄だ。私鉄の特急は各地で走っているが、このように専用車両を用意しているところは意外に少ない。これらの列車を利用し、ワンランク上の旅を楽しんでみよう。

まずは近鉄名古屋駅から特急「伊勢志摩ライナー」で鳥羽へ向かう。この車両は伊勢・志摩など観光向けに開発されたものだ。一般の座席のほか、グループで使えるサロンカーやJRのグリーン車に相当するデラックスカーも連結している。

鳥羽は伊勢湾に面した港町。真珠や牡蠣の養殖では世界的に有名な場所だ。ミキモト真珠島、鳥羽水族館などはぜひ訪ねておきたい。ここでの昼食はやはり海の幸にこだわりたい。

「新鮮な魚は本来持っている味だけでおいしいものなんです。それをわかっていただこうと、できるだけ手を加えない料理をモットーにしています」

とは、岩崎大橋そばの海鮮料理専門店「丸萬亭」を仕切る女将の森本恵津子さん。この時期は海女さんが獲った魚介類を中心にメニューが組まれており、「てこね焼き貝定食」などがおすすめだ。

鳥羽からは伊勢湾フェリーで常滑に渡り、セントレアこと中部国際空港で夜景と夕食を楽しもう。そして最後は名鉄の空港アクセス快速特急「ミュースカイ」。

「名古屋〜空港間を30分を切るスピードで走るために、カーブで車体が傾斜する機能を持たせました。また、デザイン性も追及し弊社の顔になっているんです」

と、名鉄広報宣伝部の清水麻衣さんが胸を張る同社自慢の看板列車だ。ゆったりとしたソファーに身をゆだね、旅の余韻を楽しみたい。

「てこね焼き貝定食」(2060円)には、てこねずしの他、地元産のサザエ、大アサリ、ホタテ、カキ、バーナ貝からなる「焼き貝の盛り合わせ」がつく(単品では1600円)。

近鉄特急の「伊勢志摩ライナー」はリゾート車両を採用している。先頭車両運転席の真後ろにあるパノラマデッキは展望がよく人気が高い(写真は池の浦〜鳥羽間)。

(右)鳥羽は、御木本幸吉の生地で真珠の特産地。真珠いかだの向こう側に伊勢湾フェリーが見える。(左)鳥羽港を出ると大小の無人島が見える。やがて伊良湖水道を横断する。

展望デッキは滑走路に向かって突き出たところにあり、眺めがいい。遠くには伊勢湾や対岸も見える。

ミュースカイ快速特急はおよそ30分おきに運行。空港駅から名鉄名古屋駅までわずか28分で結ぶ。

伊勢湾一周の旅プラン

- 9:25 **名古屋**
  - 近鉄特急(伊勢志摩ライナー)
- 10:52 **鳥羽**
  - 鳥羽市内散策、丸萬亭、時間があればミキモト真珠島まで
- 16:20 **鳥羽港**
  - 伊勢湾フェリー(常滑行き)伊勢湾の島々を眺望
- 18:00 **常滑港**
  - 徒歩
- 18:25 **りんくう常滑**
  - 名鉄空港線急行 空港橋からの夕景を楽しむ
- 18:28 **中部国際空港**
  - レストラン、空港展望デッキなど空港内見学
- 20:50 **中部国際空港**
  - 名鉄快速特急(ミュースカイ)
- 21:18 **名鉄名古屋**

モデルコースは鳥羽〜常滑間の伊勢湾フェリーがキーになる。この間は1日2往復だけの運航なので注意したい。鳥羽港は近鉄鳥羽駅から徒歩15分、常滑港は名鉄りんくう常滑駅から徒歩5分。旅費は近鉄が特急料金込みで2950円(デラックスカー利用は3360円)、伊勢湾フェリーが1100円、名鉄が指定料金込みで1410円、合計5460円。

りんくう常滑から海上空港の中部国際空港までは2・6km。道路橋と並行して全長およそ1・2kmの橋を渡る。

※モデルコースは土曜・休日ダイヤです。平日は運行時刻が変わるので、ご注意ください。撮影◎片山貴博、真島満秀写真事務所、レールマンフォトオフィス

快速「きのくにシーサイド」の展望車から望む、太平洋の大パノラマ。頬を撫でる潮風が心地よい。

日帰りローカル線の旅

大阪発3プラン

① JR紀勢本線
② 南海高野線
③ JR湖西線

大阪発プラン1

JR紀勢本線

紀伊田辺～白浜

「きのくにシーサイド」の展望車から、海の絶景を楽しむ

旅の達人・藤原浩が大阪発4路線を選んだポイント

大阪発、今夏おすすめの日帰りローカル線の旅プランは、南紀の海、高野山、琵琶湖、そして陶芸の里、夏限定のリゾート列車に乗るなど、鉄道ならではの魅力を満喫しながら、旅先での観光もしっかり楽しむ。海へ、山へ、湖へ、里へ、そんなお好みの気分で選べる、バランスのとれた快適4コースをご紹介します。

プロフィール
ふじわら　ひろし　1975年大阪府生まれ。『週刊鉄道の旅』『地球の歩き方ロシア』など、旅行雑誌やガイドブック等に執筆多数。最新作は『ゆったり鉄道の旅8北陸・山陰』

京阪神発、夏の行楽地の代表格といえば、南紀だろう。世界遺産に登録されている熊野三山に熊野古道、エリア全域に点在する温泉、そして紀勢本線の車窓に広がる太平洋の大パノラマ…。

ＪＲくろしお荘の職員・北村美智さんが、

「海岸を走る紀勢本線の楽しみは、なんといっても海の景色です。特に『きのくにシーサイド』号の展望車はオープンタイプなので海の眺めを堪能できます。印南〜南部間は、紀勢本線屈指のビューポイントで、海岸線が美しいです。下り列車の場合11時30〜50分ごろに通過しますので、その時間帯はぜひ展望車でお過ごしいただきたい」

と語る列車は、夏限定の臨時快速「きのくにシーサイド」

8月20日までの土日休日、天王寺から白浜間を1日1往復する。グリーン車並みの設備を誇り、オープンタイプの展望車両まで連結していながら指定席料金だけで利用できるという超おトク列車。

終着の白浜では、紀伊白浜温泉会社の小野寺安信さんが、

「白浜は『万葉集』の時代から湧き続ける温泉で、共同浴場は海辺の露天風呂『崎の湯』のほか『牟婁の湯』『白良湯』、また山側の『長生の湯』など。無料で利用できる『足湯』も各地にあります。海辺の湯は塩分が強く、山側の湯はつるつるする美肌の湯です。泉温は高くて水でうめることがありますが、掛け流し。泉質も少しずつ違って、気軽に入れる共同

白浜は温泉の街。駅前にある足湯・滝の湯や立寄り湯、日帰り温泉、外湯巡りが楽しみ。

「崎の湯」入口に立つ碑。白浜温泉は日本で最も古い温泉の一つとされる。

白浜のシンボル、円月島。島の周辺では珊瑚礁を見ることもできる。

紀伊田辺駅に到着する特急「くろしお」。紀伊田辺は熊野古道への玄関駅だ。

白浜温泉に古くから伝わる名物「柚もなか」香ばしく焼かれた柚の皮。14個入り630円

崎の湯から太平洋を望む。海にあまりに近く、天候不良の日は休みになるほど。

波打際に湧く露天風呂 〝崎の湯〟は日本最古の温泉

南紀ならではの豪快な海岸に沿って走る特急「スーパーくろしお」。古座～紀伊田原間。

湯がたくさんあるので、温泉のはしごが出来ます」

温泉以外にも、円月島や千畳敷等の景勝地や行楽スポットには事欠かない。

帰りも「きのくにシーサイド」に乗るのが快適だが、鉄道好きなら紀州鉄道の乗車がお勧めだ。御坊駅～西御坊、全長2・7kmの日本一短いミニ私鉄だ。

日帰りローカル線の旅

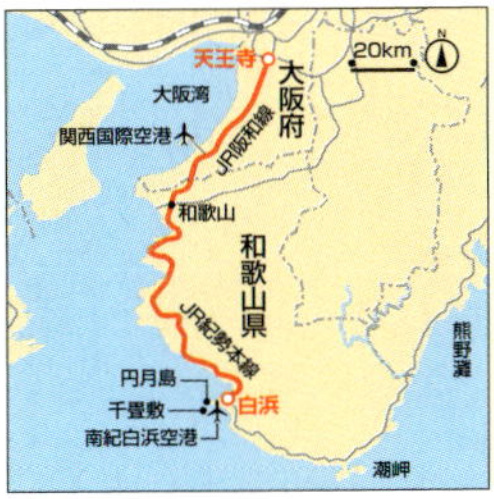

JR紀勢本線の旅プラン

8:22　天王寺　発
快速きのくにシーサイド1号
7/15～8/20の土日運転

12:15　白浜　着
白浜観光（崎の湯など外湯めぐり、円月島・千畳敷など景勝地めぐり）

15:33　白浜　発
快速きのくにシーサイド2号
7/15～8/20の土日運転

20:10　天王寺　着

青春18きっぷ（1日分）2300円（普通乗車券の場合、天王寺～白浜往復5880円）
「きのくにシーサイド」指定席券　片道510円×2
往復1020円
名光バス　白浜町内1日フリー乗車券980円
計4300円（青春18きっぷ利用時）
7880円（普通乗車券利用時）

根本大塔内陣の立体曼荼羅。柱には堂本印象の手による十六大菩薩像が描かれている。

朱塗りの鮮やかな高野山のシンボル、壇上伽藍の根本大塔。真言密教の中心をなす塔。

大阪発プラン2

南海高野線

難波～極楽橋

日本有数の山岳路線を「こうや」で真言密教の聖地・世界遺産の高野山へ

南海高野線は日本屈指の山岳路線。急勾配、急カーブが連続して、特急「こうや」で80分、終着の極楽橋駅に到着するとケーブルカーに乗り換え、5分で高野山駅へ。

高野山駅の尾上幸雄駅長は、

「ここは1930年6月にケーブル駅として開業しました。標高538メートルの極楽橋駅から高野山駅まで、300メートル以上の標高差があります。最大傾斜30度の急勾配をものともせずケーブルカーが5分で行き来します」

さらにバスに乗り換え、中心部までは出発の難波から約2時間の旅。

標高約900メートルの山上に位置する高野山はユネスコの世界文化遺産にも登録された宗教都市。816年に空海が金剛峯寺を建立して以来、すでに1200年近い歴史を持つ。

総本山金剛峰寺奥の院の総責任者・日《ひ》野《の》西《にし》眞定《しんじょう》さんは、

「唐から帰ってきた空海は、聖なる場所である高野山に密教思想に基づいて理想社会を築きました。山全体に、修行者以外が立ち入ることの出来ないエリア・結界を設けます。さらにその中心に5万5000平方メートルにもおよぶ広大な境内を有する壇上伽藍を造りました」

と高野山の由来を語った。

また、宿坊も兼ねている普賢院住職・森寛勝《かんしょう》さんは、

「ここ数年、外国のお客さんが、たくさん訪れるようになりました。外国人観光客に共通しているのは、日本人観光客と違ってクルマに頼らないことですね。隅

難波駅で出発を待つ特急「こうや」。運転席が大型窓のため、展望も良い。

急勾配を登る高野山のケーブルカー。高低差約330mを一気に駆け上がる。

高野山駅では観光客だけでなく、僧侶や通勤・通学客の姿も多く見かける。

高野線は、日本有数の山岳路線だけあって、トンネルまたトンネルの間に、深い緑が…

持明院の精進料理。名物のごま豆腐をはじめ、季節の素材を生かした料理が膳に並ぶ。

持明院の宿坊では宿泊の他昼食も可能。要予約
☎0736-56-2221

壇上伽藍を模したデザインの高野山駅。近畿の駅百選に選ばれた名駅舎だ。

から隅まで自分の足で歩いてまわっています。じつを言いますと、これが高野山を訪れた時の正しい歩き方なんです」

見どころは根本大塔や金堂、不動堂などが建ち並ぶ、真言密教の根本道場である壇上伽藍と、中心部から少し離れた奥の院。毎年、夏に「大宝蔵展」が開催され、今夏は「阿弥陀聖衆来迎図」や「阿弥陀三尊像」など国宝9件、重要文化財23件が公開される高野山霊宝館も見逃せない。

南海高野線の旅プラン

9:00 難波 発（平日 9:15）
↓ 特急こうや号
10:21 極楽橋 着（平日10:36）
10:27 極楽橋 発（平日10:41）
↓ ケーブルカー
10:32 高野山 着（平日 10:46）
↓ 高野山観光
（壇上伽藍、奥の院など）
16:15 高野山 発（平日 16:14）
↓ ケーブルカー
16:20 極楽橋 着（平日 16:19）
↓
16:27 極楽橋 発（平日 16:25）
↓ 特急こうや号
17:48 難波 着（平日 17:46）

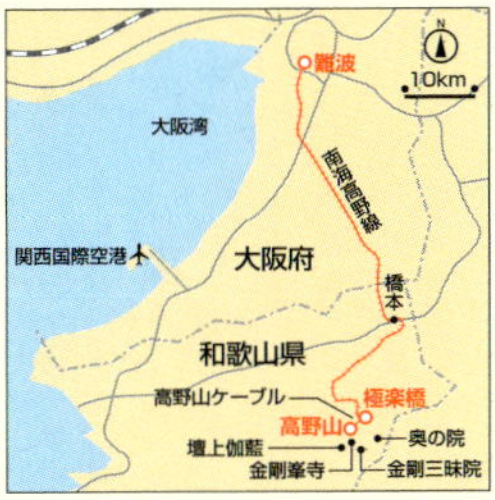

高野山フリーサービック4000円
（通年発売。難波～高野山往復乗車券、「こうや」特急券、高野山内バスフリー乗車券、拝観2割引サービス券付き）
宿坊での精進料理予約
高野山宿坊組合（高野山観光協会）
0736-56-2616
http://www.shukubo.jp/index.html
昼食代は2700円～

高野山・根本大塔の写真／永坂嘉光

大阪発プラン3

JR湖西線

山科～近江塩津

車窓に琵琶湖を一望しながら湖西線で水上の寺社を訪ねる

湖西線の魅力について、山科駅の係長の小林淳さんは、

「車窓の景色は、ほぼ全線に渡って、琵琶湖が見えます。上がオレンジ、下が緑色なので、『かぼちゃ電車』とみんなに言われているボックスシート席の電車がおすすめです。夏は近江舞子駅に近い湖での海水浴客で賑わいます。ずうっと遠浅のきれいな水ですから、子供連れでも安心して楽しめますよ」

途中下車のポイントとしては、まずは堅田の浮御堂。近江八景に「堅田の落雁」として描かれた風景で、湖上に御堂が立てられている。駅前は新興住宅地として開けてしまったが、浮御堂周辺だけは今も情緒ある趣きを残している。

また北小松～近江高島間の湖畔には、白髭神社が立つ。

宮司の梅辻春樹さんは、

「2000年ほど前、推仁天皇の時代からある、近江最古の大社です。人の世の道案内役と言われる、猿田彦命を祭神として、神社の名前からもわかるように長寿にご利益があるとおまいりされています。琵琶湖の湖岸から50メートルほどの湖中に朱塗りの鳥居が立っているのが見えますでしょう、お正月には、鳥居越しに初日の出を拝む参拝客で賑わいます。駅から白髭神社までの約3キロの道のりには、48体の石仏があるので、お参りしながら歩いてくる方も多いですよ」

この白髭神社は車窓からもわずかに見えるが、途中下車して訪ねてみたい。近江高島駅から往復するのが近いが、足に自信があるなら北小松～近江高島間を歩いてみよう。所要2時間程度、湖畔に沿ったウォーキングが楽しめる。

そして極めつけは湖上に浮かぶ弁天様、竹生島であろう。西国札所30番、宝

湖西線はほぼ全線が高架路線。琵琶湖はもちろん、対岸の山並みまで見渡せる

芭蕉や一茶など、多くの文人墨客に愛された浮御堂。琵琶湖を代表する景勝地だ。

志賀～比良間をゆく。湖西線の沿線は砂浜が多く、夏は海水浴客でにぎわう

列車を降りれば、どの駅も展望台へ早変わり。志賀駅のホームにて。

湖上に建つ鳥居で有名な白髭神社。近江でもっとも古い神社でもある。

琵琶湖北部に浮かぶ竹生島。西国札所30番・宝厳寺に都久夫須麻神社がある。

厳寺があり、島全体が神域となっている。竹生島へは近江今津駅から歩いて数分の今津港から観光船が出ていて、気軽にクルーズと参拝が楽しめる。ちなみに長浜港からも船が出ているので、帰りは対岸の長浜に渡ることもできる。時間が許せば、欲張って長浜観光をプラスしてみるのもいいだろう。

ＪＲ湖西線の旅プラン

8:45 大阪 発
↓ 新快速
9:35 堅田 着（平日 9:37）
↓ 浮御堂
11:04 堅田 発
↓ 新快速
11:23 近江高島 着
↓ 白髭神社
13:23 近江高島 発
↓ 新快速
13:34 近江今津 着
↓ 徒歩5分
14:20 今津港 発
↓ 琵琶湖汽船
14:45 竹生島 着
↓ 宝厳寺参拝
15:55 竹生島 発
↓ 琵琶湖汽船
16:25 今津港 着
↓ 徒歩5分
17:08 近江今津 発
↓ 新快速
18:28 大阪 着

青春18きっぷ（1日分）
2300円
（普通乗車券の場合、大阪～近江今津往復3630円。往路に堅田、近江高島に下車）
今津港～竹生島乗船料（琵琶湖汽船）往復2420円

kkojin 一個人 特別編集

鉄道の達人が教える列車の旅

2006年9月20日［初版第1刷発行］
2009年8月10日［初版第8刷発行］

編　者　一個人編集部

発行者　栗原幹夫

発行所　KKベストセラーズ
〒170-8457　東京都豊島区南大塚2丁目29番7号
電話　03-5976-9121
振替　00180-6-103083
http://www.kk-bestsellers.com/

装　幀　野村高志+KACHIDOKI

印刷所　凸版印刷株式会社

製本所　凸版印刷株式会社

ISBN978-4-584-16575-1 C0026